영혼(靈魂)

영혼(靈魂)

김시종

−작가 이야기−

 망구(望九)가 지났다.
 무엇 때문에 팔순이 넘어 수필집을 낸다고 생각하니 부끄럽기도 하고 한편 자랑스럽기도 했다. 젊은 시절 문학에 심취했으나 생활에는 도움이 되지 않아 밥을 먹기 위해 아내의 권유로 경찰에 입문하였다.
 휴전 상태라 하지만, 70년대만 하더라도 남과 북은 이데올로기 갈등으로 싸우면서 건설하는 시대에 남파 간첩과 무장 공비 침투로 시국이 어수선한 시기에 제복을 입은 경찰관이 되었다.
 경찰의 직무는 국가와 국민의 생명과 재산을 보호하고 범죄 예방을 위해 직무에 충실하였다. 세월은 강물 흐르듯 흘러 30년이란 세월이 지나 경찰을 퇴직하고 보니 사회는 많이 변천되었고, 인간의 수명도 의술과 과학의 발달로 100세 시대를 맞이하는 듯했다.
 정년퇴임 후 남은 삶을 어떻게 살아야 할지 마음의 갈등이 없을 수 없었다.

　공직 생활 중 하지 못했던 산행을 즐기면서 인류의 경험을 산악회 결성에 접목해 보았다. 산행의 경험을 거울삼아 법정 산악회인 (사)대구 경우 산악회를 발의하고 운영하며 옛 동지들과 만남의 장소로 활용하며 우정을 결속하기도 하였다.

　그러나 고희가 되어 젊은 시절 동경했던 문학에 대한 미련을 버리지 못해 한국 문단에 등단도 하고 글쓰기에 몰두하였다. 국내 각종 문예지와 청와대 홈페이지며 경우신문, 자치신문, 대종회 및 대구유림회보 등에 수필과 칼럼을 발표하며,

　본인이 살아 온 지난날의 흔적과 영혼의 삶을 되돌아보며 한 권의 수필집을 발간할까 싶었다.

　오늘까지 건강히 살 수 있었던 것도 문학을 통하여 명상과 사색으로 지난 세월의 영혼을 글로 쓰며 석양에 저물어 가는 저녁 노을처럼 멀지 않은 인생의 종착역을 향해 하염없는 생각을 되돌아보는 가을 문턱에서 이야기를 마칠까 합니다. 문우님들 모두 건강하시고 행복한 삶이 되었으면 합니다. 감사합니다.

2023년 10월
가을 문턱에서

松鶴 金時宗

[목차]

제1부   물안개

물안개 _12
추억은 가슴에 묻고 _16
동전 한 닢 _21
그 사람 _24
만추 _27
배움터 지킴이 _30
맷돌 _34
나 홀로 _37
연금이 효자다 _40
정 일병의 영혼 _44
황혼열차 _47

제2부 　 개척자

개척자 _52
철마는 달리고 싶다 _58
대못 _61
잔인한 6월 _64
모포 부대 _69
계유정난과 사육신 박팽년 _72
수술대의 군상 _78
직업 공무원 _81
무심한 세월 _85
경찰은 국가 안보의 초석이다 _88
분단된 조국의 명운 _91

제3부 영혼

영혼 _98
운명 _102
인생 _106
문지방 _110
발 _114
외로운 영혼 _118
강기슭에서 _122
산 넘어 산촌마을 _126
한탄강의 절벽 _130
주목 _133
가시꽃 _137

제4부 소금 같은 사람

소금 같은 사람 _142
추억 속에 머물다 _145
자주국방은 핵 보유 국이다 _150
지진파 _153
저승 문턱 _156
한훤당 김굉필과 스승 문충공(점필재) 김종직 선생 _159
손전화기는 경제학이다 _165
그때 그 사람 _169
사랑의 여운 _172
오해는 상처를 만들다 _175
불보 사찰 통도사 _178

제5부 최후의 교두보

최후의 교두보 _184
이 한 몸 조국을 위해서 _189
석양에 물든 금호강 _193
왕부(王父)와 꽃대 _195
청량산 하늘다리 _199
시골장터 _203
효도 _206
불혹지년 _209
모정 _212
한국 전쟁과 남북통일 _216
동해의 외로운 섬 독도는 대한민국 영토다 _221

*추천사_장사현 문학평론가 _225
*저자프로필 _228

제1부

물안개

물안개
추억은 가슴에 묻고
동전 한 닢
그 사람
만추
배움터 지킴이
맷돌
나 홀로
연금이 효자다
정 일병의 영혼
황혼열차

물안개

안개가 자욱하다.

이른 새벽녘이다. 동구 밖 연못에는 하얀 물안개가 피어오른다. 안개가 지던 것으로 보아 날씨가 화창하고 따뜻할 것 같다. 언제부터인가 새벽녘이 되면 연못을 산책하는 것이 하루 일과의 시작처럼 습관화되었다. 고희가 가까워지면서 새벽잠이 없어진 듯 식솔들이 잠결에서 깨어나기 전에 대문을 나선다. 산책을 위한 연못을 찾아 나선다.

물안개 속에 피어오른 연꽃이 계절의 여왕처럼 사람들의 시선을 끌어모은다. 물안개 사이에 핀 연꽃의 아름다움에 감탄사가 절로 나온다. 연못에 핀 핑크빛 미소를 머금고 있는 연꽃을 보기 위해 산책 나온 사람들이 모여든다.

맑은 물속에 피어오른 연꽃을 유심히 보는 것이 일상생활의 단면처럼 되었다. 어찌 보면 연꽃 위에 선녀가 사뿐히 앉은 것처럼 환영을 느낄 때가 있기도 하다.

연못을 몇 차례 돌고 돌아 산책이 끝날 무릎이면 으레 못 둑에 커피를 파는 노점 행상이 마중을 나온다. 이때쯤이면 산책을 즐기던 사람들도 한두 사람씩 행상 앞에 모여든다. 이른 새벽 따끈한 차 한 잔을 하다 보면 가벼운 눈인사를 나누는 말동무가 생겼다. 그 여인도 산책이 끝나면 으레 차 한잔을 하기 위해 노점 행상 쪽으로 다가온다. 중년의 불혹지년이다. 검은 머리에 부분 갈색으로 물들인 살결이 고운 여인이다. 그녀의 모습은 언제 보아도 소박하고 단정한 차림새다.

나와 그녀와의 눈인사를 나누면서 서로 시선이 마주칠 때 그 여인의 얼굴에는 그 무엇에 대한 갈증과 야망이 두드러져 보이기도 했다. 호수같이 잔잔한 얼굴에 사색하는 눈빛에 지성미가 묻어난다. 그 여인과 인사를 나눌 때 그녀의 체취에서 연륜이 배어 있음을 느낄 수 있었다. 불혹지년에도 불구하고 나이에 비추어 세련되고 이국적인 향수가 풍기는 그녀도 인생의 나이테가 가슴에 젖어 들어 보인다.

인간의 삶도 강물 흐르듯 자식도 성장하여 엄마의 품을 벗어 날 때 여인의 가슴에도 공허하고 허전함을 느낄 순간이 있다고 한다. 그녀 또한 불혹의 연륜이 됨에 인생에 대한 희로애락을 절감해진다고 하였다. 한편 세월이 가기 전에 미지의 세계에 도전하고 싶은 욕망의 눈빛이 반짝이는 보석처럼 전광석화 같았다.

그녀와 나와의 연결 고리는 산책이다. 산책이 끝나면 못 둑에서 눈인사를 나누며 차 한 잔 마시는 것이 유일한 즐거움과 행복을 느끼는 순간이다. 어찌하다가 그녀가 연못가에 보이지 않을 때는 궁금증이 상상의 나래를 편다. 무슨 일로 산책 길목에 나오지 않았는지 조바심도 생긴다.

그 여인은 언제 보아도 청바지에 보라색 운동화 차림이다. 중년에 비추어 어울리지 않을 차림새이지만 몸매에서 풍기는 싱그러움이 묻어나 보인다. 마치 사춘기에 들어선 여고생처럼 활력과 탄력이 넘치기도 하였다.

  그러한 그녀가 한마디 말도 없이 어느 날 갑자기 사라졌다. 오로지 연못에 피어오른 물안개처럼 피었다가 바람처럼 사라진 그녀를 볼 수 없게 되었다. 무엇 때문에 연못에서 종적을 감추었는지 궁금해졌다. 보고 싶고 그리운 얼굴이다.

  달이 지나고 해가 바뀌어도 자상스럽고 인자한 모습은 찾아볼 수 없었다. 그녀에 대한 그리움만이 가슴에 가득해졌다. 우연한 기회에 국전 전시장을 찾을 기회가 있었다. 국전에 출품된 작품을 관람하다가 연꽃 그림 앞에 걸음을 멈추었다. 연꽃에는 화가의 섬세함이 잘 나타나 있었다. 나는 한동안 작품 앞에서 떠날 줄 몰랐다. 연꽃 그림을 유심히 보는 동안 무언지 모르게 자신이 연꽃 속으로 빠져들어 가는 느낌을 받았다.
  연못의 모양새나 연꽃이 핀 지점이 눈에 몹시 익은 듯했다. 연꽃 사이로 피어오르는 물안개가 내 시야에 각인되는 순간 혹시나 못 둑에서 인사를 나누며 차를 마시던 그녀의 환영이 주마등처럼 스친다.
  작가의 프로필을 보고 혹시 연못가에서 만나던 여인이 아닌가 싶어 마음이 동요했다. 출품된 작품에 대하여 주최 측에 문의해 보았더니 "그분은 동양화가로 명암(明暗) 있는 이 모 화가로 저 그림은 자궁암으로 병원에 입원해 있을 때 그린 그림으로 이번 국전에 특선 된 작품으로 고인의 유작이라고" 설명했다.

  나는 이제야 그녀가 연못에서 사라진 이유를 알게 되었다. 새삼스럽게 인생의 무상함을 절감해졌다. 나에게는 인생의 말동무요 연못을 산책하는 동행자를 잃어버린 심정에 가슴이 몹시 저려 왔다. 아까운 사람이다.

그녀와 내가 못 둑에서 나눈 지난 이야기를 돌이켜 생각하면 짧은 세월이었지만, 아름다운 추억이 온몸에 엄습해 오는 듯했다.

화폭 위로 물안개가 피어오른다. 연꽃 사이로 그녀의 환영이 겹치면서 몇 겹의 인연으로 여백의 문장이 피어오른다. (2011년 영남문학 겨울호)

추억은 가슴에 묻고

오십 수년 전의 일이다. 징집영장을 받고 입대를 기다리는 중 5·16 쿠데타가 일어났다. 당시 문학청년 시절 3년간의 동란으로 정전협정 후 전선 상황이 몹시 궁금했을 때, ROTC로 입대한 친구로부터 편지 한 통이 왔었다. 그 친구는 최전방에서 전우를 상대로 태권도 교관을 하며 군 복무를 하고 있었다. 편지 내용인즉 최전방은 문학도에 소설의 소재가 많으니 입대하더라도 최전방 근무를 지원하라는 내용이었다.

막상 육군에 입대하여 논산 훈련소 30연대에서 혹독한 훈련을 6주간 받았지만, 3보 이상 승차하는 포병 병과를 받고 실망이 컸었다. 그러나 어쩔 수 없었다. 논산 훈련소에서는 가장 군기가 엄하고 사열이나 분열 사격 등에 항상 1등을 하는 연대가 30연대로 악명으로 유명했었다. 교육장도 가장 멀어 학과 출장 때는 국과 밥이 어디로 들어가는지도 모를 만큼 다급했었다. 밥알을 씹을 여가도 없이 식기에 말아 마시지 않으면 한 끼 식사도 제대로 하지 못하고 학과 출장을 해야만 하는 실정이었다. 그렇지만 대한의 남아로 태어나 군사 훈련을 받은 자신을 되돌아볼 때 보람 있고 국민의 신선한 국방의 의무를 다한다는 자부심을 느끼기에 충만하였다.

 막상 논산 훈련소에서 기본적인 군사 훈련을 마치고 이등병 계급장이 달린 군복으로 갈아입고, 대구에서 입대한 18명의 전우가 밤 열차를 타고 인솔 부사관과 함께 보충대를 향해 열차에 올랐다. 어둠을 헤치고 기적 소리를 울리며 달리던 열차는 새벽녘이 되어 용산역에 도착했다. 역사에는 군복을 입은 신병들로 가득했다. 용산역에는 기초 군사 훈련을 받은 신병들이 전방으로 가기 위한 집결지로서 동부전선과 서부전선으로 병력을 수급하는 장소이기도 했다.

 동기생 18명은 서부전선 101 보충대 명을 받고 열차에 승차하였다. 반나절이 되지 않아 의정부에 있는 101 보충대에 도착했다. 입대 후 잠시나마 자유로운 시간이 주어졌다. PX에서 위스키도 한잔하며 어느 부대로 팔려 갈지 초조한 마음으로 하루를 보냈다. 날이 밝아지자, 주 부식을 배급받고, 인사 기록 카드를 받아 두 대의 추력에 9명씩 승차하라는 명령이 떨어졌다. 우리는 군가를 부르며 부대 위치도 모르면서 북녘을 향해 달였다. 군용 추력은 먼지를 풍기며 북쪽을 향해 질주해 갔다. 의정부에서 출발하여 동두천을 지나 연천군 전곡으로 향하는 길가에 민가가 간혹 한 채씩 있었다. 전후의 참담함을 느끼지 않을 수 없었다. 비포장도로에는 미군용 차량과 탱크가 흙먼지를 풍기며 지나갈 뿐 사람 구경하기가 힘들었다. 정오가 가까워지자 38도 선이란 경계 표지판이 선 베이비스교 입구에 도착했다. 표지판을 보고 여기서부터 전방이 가까워져 옴을 느꼈다. 다리를 건너니 민가 한 채가 있었는데 알고 보니 주막집이었다. 일행은 주 부식을 주막집에 다 주면서 중식과 술을 달라고 물물 교환을 요구하였다.

입대 후 50여 일 만에 민가에서 술과 밥을 먹기에는 처음이라 모두가 거나하게 술에 취한 채 승차하였다. 전곡 삼거리에 들어서니 군사 헌병이 교통 정리와 장병들에 대해 검문검색을 하고 있었다. 우리 일행은 한탄강 줄기를 따라 북으로 질주했다. 가는 도중 한탄강의 절벽만이 말없이 우뚝 서 있고, 강물은 유유히 흐를 뿐이었다. 정말 휴가를 보내 준다고 할지라도 어디로 가야만 될지 모르는 어둡고 암담한 생각이 뇌리를 스치는 듯했다. 가도 가도 끝없는 벌판과 산야만이 즐비하고 사람이 거처하는 흔적을 볼 수 없었다.

우리 일행은 군가를 소리 높이 부르며 산골짜기를 향해 질주해 갔다. 갑자기 차량이 멈추었다. 부대 위병소 앞이었다. 위병소 건물은 위장망을 시우고 총기를 휴대한 채 비상근무 상태이었다. 그때야 전방 상황이 좋지 않아 비상이 걸린 것을 알았다. 그것도 모르고 술에 취한 채 군가를 부른 신병이 애처롭게 생각되었는지 기합은 받지 않고 위병소를 통과하여 영내로 갈 수 있었다. 000 부대 대대 인사과 앞에 집결했다. 선임 중사 계급장을 단 사람이 인사 기록 카드를 회수하고 주 부식을 내어놓으라고 하였지만, 우리는 묵묵부답했더니 저녁밥은 없다고 하였다. 선임 중사는 인사 기록 카드를 일일이 검토하더니 IQ가 높은 나와 경북 대학생 K를 호명하고 나머지 병사는 전 포 중 대에 배속 명을 하였다.

일행 18명은 이튿날부터 전 포 중 대에서 포병 교육을 6주간 받게 되었다. 155mm 곡사포 진지에서 포를 닦고 포 방열과 포탄 장전 및 사수가 대포를 쏘는 방법이며 포의 탄착점 등에 대한 교육을 6주간 이수하였다. 나와 K 동기생은 대대 인사과로 복귀했다. 본인은 장교계와 상벌계 조수로 K 동기생은 사병계 조수로 보직을 받았다.

000포병 대대는 6군단 직할 포병부대로 제1군 사령부의 작전 명령을 받아 전방 4개 사단의 화력을 지원하는 포병으로 한국군의 장비로서는 가장 큰 대포이기도 하였다.

산중에 있는 내무반 막사는 전기가 없는 굴속 같았고 비위생적이었다. 연탄 가루를 물에 혼합하여 뺏치가의 열기로 내무반을 따뜻하게 하는 막사였다. K와 나는 졸병이라 영하 30도가 오르내리는 한겨울에 가장 먼저 기상하여 태극기를 게양하고 사무실 청소와 선임자의 세수 물을 따뜻하게 하는 것이 일과의 시작이었다.
　그해는 얼마나 추웠는지 문고리를 잡으면 손이 문고리에 척척 붙은 차디찬 겨울에도 내복을 입지 않아도 추운 줄 몰랐다. 당시 군 생활을 지금도 생각하면 젊은 시절의 아름다운 추억이 아니었던가 싶다. 5·16쿠데타 직후라 부식은 정량이 나와 배고픈 일은 없었다. 비록 병영 생활에서도 크리스마스는 즐거웠다. 그때는 특식이라 하여 소고기가 많이 나왔다. 우리 두 사람은 졸병이라 배고플 테니 소고기를 많이 먹게 하여 소고기에 취해 전신이 부어오르는 일이 생겨 의무대에 입원한 일이 있었다. 의무대에서 치료가 되지 않으면 후송 가야 할 처지에 민간요법으로 병을 고친 바 있었는데 소고기에 취해 몸이 뚱뚱 부어 올릴 때 배를 많이 먹었다. 그 후 몸의 부위가 빠지는 지난 일을 생각하면 할수록 우습기도 해진다.
　병영 생활을 하면서 주말이 되면 외출과 외박도 있었다. 일요일이 되면 전곡 극장에는 한명숙 가수의 "노란 싸서 입은 사나이"가 유행이었다. 귀대할 때 한탄강 다리에서 내려 본 푸른 강물은 유유히 임진강으로 흐르고 있지만, 기차는 대광리역에 멈춘 녹슨 기찻길이 된 것을 보았다. 분단된 조국의 근대사를 보는 것이 안타까운 마음이 애절해진다.
　첫 휴가를 8개월 만에 받았다. 귀향 열차에서 잠이 들어 지난날의 일이 파노라마처럼 이어졌다. 입대하기 전 동짓달에 낙동강 뱀산 아래에서 일 주간 주야로 낚시를 한 생각이 새삼스럽게 회상되었다. 또한 내가 복무 중인 부대의 부대장과 군단포 사령관이 낚시를 좋아해 일요일이 되면 임진강으로 낚시를 떠났다. 임진강이나 연천군의 백학에서 배를 띄어 놓고 낚시를 즐기는 모습과 내가 입대하기 전 낙동강에서 즐기던 낚시 영상이 겹치는 듯했다.

　귀대 날짜가 가까워지자, 대구 중구 대신동 낚시점에서 낚싯바늘 10불을 매입하여 귀대하였다. 마침 일요일이라 저는 전곡극장에 가고, 부대장 김 중령과 군단포 사령관 한 대령은 임진강에 낚시하러 갔었다. 당시 사단에서는 신변 보호를 위해 1개 소대 경계 병력을 배치하였고, 오후 두 시경에 군단장과 합류키로 되어 있었다. 그러나 현지에 군단장이 도착했을 때 김 중령과 한 대령이 보이지 않았다. 혹시 북괴에 납치되지 않았나 싶어 X군단 산하 비상사태가 떨어졌다.

　외출했다가 귀대하였더니 군의관은 꼭 영내 대기하라는 명령이 군단사령부로부터 하달된 것으로 보아 심상치 않은 상태였다.

　나중에 알고 보니 강변에서 낚시하다가 오후가 되어 낚시가 잘되지 않았다. 한 대령은 임진강을 도강하여 낚시하였고, 낚시가 잘되는 한 대령을 본 김 중령이 임진강을 도강하다가 강물에 빠지고 말았다. 그 순간을 목격한 한 대령이 부하인 김 중령을 구출하기 위해 갑자기 강물에 몸을 던진 것이 심장마비로 사망하고 말았다. 이틀이 지난 후 중앙지 신문마다 고급 장교 두 사람이 임진강에서 낚시하다가 한 사람은 순직하였고, 김 중령은 익사했다는 보도가 있었다. 두 사람 모두가 유능한 장교로서 한 대령은 군단포 사령관으로 장성 진급이 확정된 안타까운 사연이 주마등처럼 생각나는 듯했다.
(2012년 영남문학 가을호)

동전 한 닢

티끌 모아 태산이라 했다. 한 닢 두 닢 모인 동전이 태산을 이룬다. 타고난 부자는 운명적으로 재산이 눈 오듯 불어 가는 형상인 듯하다. 작은 부자는 부지런하게 일하며 근검절약하는 덕분에 적은 돈이나마 모으는 재미에 삶의 즐거움을 만끽한다.

동전 한 닢 두 닢 모이면 자연스럽게 재산이 불어가는 재미에 삶에 고달픔도 모르는 듯하다. 부자는 재산을 축적하는 데는 각별한 일가견이 있는 듯하였다.

옛 속어에 복 많은 과부는 넘어져도 가지밭에 넘어진다고 했다. 부호가 될 사람은 태생 때부터 운명적으로 사주팔자를 타고난다고 했다. 그래서 남의 복(福)은 끌로서 파낼 수 없다고 했는가 보다. 부자가 재산을 모으는 데는 특이한 재능이 있으나 돈을 쓸 줄 모르는 구두쇠처럼 인색한 측면이 많은 듯했다.

한때 내 주위에 많은 재산을 모아 놓고 돈 한번 뜻있게 사용해 보지 못한 채 운명을 달리한 사람이 있었다. 나이를 보아 아직 세상을 하직하기에는 아까운 나이다. 고희도 보내지 못한 나이였으니 말이다.

몇 해 전에 나의 내자(內子)를 통하여 장례(葬禮) 일을 돌 봐 달라는 요청을 받은 적이 있었다. 대학병원 영안실에 종사하는 사람이 나에게 퉁명스럽게 던진 말이 있었다. 올해 들어 장례식장에 조화가 가장 많이 들어왔다고 했다.

망인은 대구에서 종합건설과 단종회사 등 3개 회사의 회장이었다. 국내 10대 건설회사에 협력업체로 등록된 회사다. 대형건설회사의 협력업체이다 보니 일감은 항상 많았고, 결재 또한 좋았다. 어느 공사장이라도 전기 공사는 반듯이 참여하는 유망 중소 건설업체이기도 했다. 금융권에서 신용 대출로 자금 대출을 좀 해달라는 요청이 빈번했던 회사였다.

장례식이 끝난 뒤 유족 측에서 나에게 회사 일을 돌봐 달라고 하였다. 오전만이라도 관리해 달라는 요청을 차마 거절할 수 없었다. 남도 아닌 종친 간이었고 망인과 생전에 정리를 생각해서라도….

나는 종합건설사의 감사로 등기를 마치고, 부사장이라는 직함이 인쇄된 명함을 건네받았다. 대구에 본사가 있고 서울에 영업 사무실이 있었다. 입사 후 회사 부동산을 정비하고, 공사 현황을 파악해 보았다. 전국에 60여 개의 현장이 있었고, 근로자가 1,000여 명이나 되었다. 회장이 병사한 후 현장 근로자를 총괄할 나이 든 어른이 필요했다고 하였다.

나는 각 현장의 소장들과 소통을 자주 하며 공사 진척 사항이며 자재 수급에 대한 관리 감독을 했다. 때에 따라 현지 출장도 빈번하게 다녔다. 자산이 든든한 유망 중소 건설업체로 면허 종류가 다양하게 많았다. 그렇다 보니 업종별 회의에 초청받은 경우가 많았다. 연말이나 정초에 업종과 연관된 각종 행사에 참석해 결산 보고서를 보고 실망했다. 회사 규모에 비하여 공익을 위한 협력이 전무했다.
　나는 자식 같은 사장을 대신하여 사회단체에 참가해 보았지만 나 자신이 민망스러울 때가 있었다. 기업주가 많은 돈을 벌었지만, 공익사업을 위해 사회 환원하는 흔적을 찾아볼 수 없었다.
　건설 경기가 부진할 때는 사소한 일에 트집을 잡아 직원을 해고하는 경우가 비일비재했다. 나는 이런 문제로 경영주와 갈등이 있었으나 시정되지 않았다. 그로 인한 노동청이며, 경찰, 검찰, 법원 등의 뒤치다꺼리할 수밖에 없었다. 나는 생각했다. 회사의 어려운 일이 정리되고, 안정되면 그만두어야겠다고 마음먹었다. 회사의 대외적 이미지로 인한 자신의 명예와도 관련이 없을 수 없었다.
　사람은 누구나 빈 몸으로 태어나 빈손으로 간다고 하였다. 수많은 장지(葬地)에 참석해 보았지만, 하관(下棺)시 명정(銘旌)을 덮고 시토가 끝나면 유족이나 가까운 친족, 친구들이 마지막 가는 망자에게 노잣돈을 관 위에 던지는 풍습이 있었다. 살아생전에 많은 재산을 모은 사람도 저승길 갈 때는 동전 한 닢 두 닢이 고작이었다. 유가족 누구도 지폐 한 장 노자로 넣어주는 것을 볼 수 없었다. 그래서 사람이 죽어 북망산천을 갈 때 빈손으로 간다고 했는가 싶다. 아직 사회적으로 왕성한 활동할 시기에 세상을 하직하는 것을 보아 어쩌면 그 사람의 운명인지 모른다. (2012년 한국경찰문학)

그 사람

 가을이면 문득 생각나는 사람이 있다.
 그 사람은 시골에서 사과 농사를 짓고 있다. 가을철이 되던 사과나무는 단풍이 들면서 잎이 떨어진다. 따스한 햇살을 받는 사과가 붉은색을 발하며 무르익어 가는 계절이다. 그 사람은 두메산골에서 과수원을 경작하며 살고 있었다. 과수원은 하천부지와 야산을 개간한 사과밭이다. 자갈과 모래의 배합이 적절한 토지라 사과 맛이 좋기로 이름난 청송 사과였다. 청송은 일조량과 기후 조건 차이로 사과 맛이 꿀맛이라 했다. 과수원을 끼고 흐르는 제방 넘어 맑은 냇물 속에 보름달이 두둥실 떠 있다. 맑고 고요히 흐르는 하천에 민물고기의 잔치가 한창이다. 피리, 송어, 메기가 몸맵시를 자랑하며 먹이 활동을 활발히 하고 있다.
 나는 가을이 되면 자연 속에 묻혀 전원생활을 하는 그 사람이 그리워진다.
 나와 그 사람과의 인연은 오래되었다. 그 사람은 야간 대학에 다니며 생활에 허덕이면서도 문학에 심취된 청년이었다.

그때는 50년대라 작가를 희망하는 문학청년이 많았다. 그와 내가 만나면 세계적인 명성을 지닌 알베르 카뮈, 앙드레 지드, 장 폴 사르트르, 제임스 조이스의 작품이 화제였다. 우린 서로가 독후감을 이야기하며 의견과 토론을 했다.

당시 대구에는 피난 온 군 기자단에 참전한 저명인사가 많았다. 그분들은 작가이면서도 교수, 시인, 평론가로 기자단이 구성되어 있었다. 나와 그 사람이 만나는 장소가 하이마트나 녹향 음악 감상실이 아니면 포정동의 무량뮤즈 다방이다.

그곳에는 으레 종군 기자단에 참전한 인사들이 자리하고 있었다. 그분들은 해가 질 때가 되면 아카데미극장 건너편 주막집에서 막걸릿잔을 앞에 두고 문학과 시국에 관한 토론의 꽃을 피우곤 했다. 막상 전쟁이 끝나고 휴전협정이 되어도 대구에는 피난민이 득실거렸다. 피난민 중 고향을 찾아 상경하는 사람도 있었지만, 북쪽에 고향을 둔 실향민은 대구에 생활 터전을 마련하기 시작했다. 특히 교통시장에는 3·8선 이북에서 피난 온 사람들이 인산인해로 장사진을 이루었다.

그 사람도 조국이 풍전등화 시점에 종군 기자단에 자원입대했다. 격전지인 낙동강과 유학산 전투 지구였다. 낙동강 전투는 최후의 교두보를 사수하기 위한 피아간에 공방전이 처절했을 때 그 사람도 적의 포탄 파편에 엄지발가락 하나를 잃고 말았다. 당시 종군 기자단은 문인들로 사선을 넘나들며 전우신문에 전쟁의 참상과 국군 용사의 사기진작을 위한 기사와 전투 장면 사진이 연일 신문 지면을 장식했다.

전쟁사를 찾아보아도 6·25동란처럼 한 지역을 사수하기 위해 2개월간 피아간에 공방전을 치른 전투는 세계전 사에도 없을 만큼 치열한 전투였다.

전쟁이 끝나고 시국이 평정되자 종군 문인들은 뿔뿔이 헤어져 귀향하거나 상경 했다. 신문사 편집국이나 문화부에 일자리를 찾아갔다. 그분들은 전쟁터의 생생한 체험을 바탕으로 연재 소설이며, 칼럼이 전후 문학의 산실을 만들었다. 전쟁이 남기고 간 아픈 상처를 가슴에 안은 그 사람도 고향으로 귀향했다. 청송 두메산골에서 하천을 개간하고 야산에 유실수를 심어 간척한 것이 지금의 과수원이라 한다. 가을철이 되면 그 사람이 보고 싶어지는 것도 불굴의 의지로 이룬 지금의 전원생활이 부러워서 그런지도 모른다. (2011년 한국경찰문학)

만추(晚秋)

　만추의 계절이다. 청명한 가을에 해가 창천(蒼天)에 걸리어 있는 듯하다. 동구 밖 느티나무는 오랜 세월을 견디어 온 듯 나무껍질에 윤기가 없고 거북이 등처럼 거칠어 보인다. 나무의 연륜으로 보아 수백 년을 비바람과 서리를 맞은 흔적이 역했다. 그 주변에는 은행나무와 단풍나무가 동신목(洞神木)을 떠받드는 듯했다. 은행나무는 새 옷을 갈아입은 듯 몸치장을 한 모양이 수채화를 그린 듯 아름다웠다. 울긋불긋한 단풍이 곱고 화려했다.
　해변에 어둠살이 끼고 지평선에 일몰이 찾아오면 햇빛에 반사(反射)된 바닷물이 출렁거리며 은색으로 변하곤 했다. 일몰이 가까워지면 검푸른 파도가 노도(怒濤)처럼 밀리어 온다. 대지에는 스산한 바람이 살을 에는 듯하다. 밤이 깊어 갈수록 해변에는 음산한 바람이 불어온다. 조경수로 심어둔 가로수의 단풍잎이 우수수 떨어지며 마치 유영을 즐기는 듯했다.
　내가 문학에 관심을 끌게 된 동기는 간단했다. 고 2학년 국어 시간에 이 육사의 '청포도' 시(詩)를 읽어 보라는 지시를 받았다. 감수성이 민감했던 사춘기라 '청포도' 시(詩) 구절마다 어휘에 감정을 실어 낭송했더니 반 급우 생의 박수갈채와 선생님의 칭송(稱頌)이 자자했다. 선천적으로 문학에 관한 타고난 재능이 있다고 칭찬을 아끼지 않았었다. 그 시절 나는 김소월의 시집을 겨드랑이에 끼고 다닐 때였다. 내가 평소 문학에 관한 관심과 애착심을 갖게 된 것은 1958년경이다. 김소월의 서정적인 시는 모두 다 암송하다시피 심취했던 시절이 지금도 그리움이 밀리어 오는 듯하다. 달이 가고 해가 바뀌어 3학년 때 교내 문예반장을 맡게 되었다. 교우지며 종합 순수문예지를 편집하게 된 것이 문학의 길로 걸음마를 나선 기억이 아직도 생생하다. 문일평의 "인생은 짧고 예술은 길다"는 말처럼 한때 문학에 도취하였던 시절이기도 했다. 전쟁의 상처가 아물지 않는 주변 환경 탓에 염세주의(Pessimism)에 빠지기도 했었다. 시대 상황이 전후라 모두가 어려웠던 옛날을 생각하면 가슴이 절여오는 듯 아파져 온다.

　자유당 시절이라 사회 곳곳에 썩은 냄새가 진동했다. 국방을 지키는 군대는 부패의 도를 넘었다. 군용 차량은 후생 사업에 투입했고, 장병은 휴가를 보내 군수 물자를 빼돌리는 암담한 시절이다. 국토방위가 든든하려면 지휘관이 청렴해야 탁월(卓越)한 리더쉽이 요구됨에 강한 군대를 만드는 것처럼 암담한 시절이었다. 군 수뇌부가 부패에 오염되고, 내부에 썩은 냄새가 진동하니 사회는 덩달아 병들고 말았다. 그래서 나는 속세를 떠나 자연과 더불어 살고자 스님이 되고 싶었다. 그러나 무슨 운명의 장난인지 스님은 되지 못하고 속세에 파묻어 세월을 보내자니 마음의 고통이 심했다. 자유당 시절은 "법보다 주먹"이 먼저라고 질서가 없었다. 야당은 "못 살겠다 갈아 보자!" 구호가 삼천리 방방곡곡에 메아리쳤다. 고위층의 부패가 사회를 병들게 하자 혈기 왕성한 젊은 학도들은 불의를 참지 못하고 의거(義擧)에 선봉에 섰다. 마산 앞바다에 시신으로 떠오른 김주열의 머리에 최루탄이 박힌 참상(慘狀)은 세상을 놀라게 했다. 그로 말미암은 민중의 횃불에 도화선이 점화되었다.

3·15 부정 선거는 비난과 비판의 대상이 되었고, 식자층에도 부정과 부패에 야합하는 자유당 정권을 타도하자고 성토했다. 시중에는 군수 물자가 범람하였고, 부패한 정권은 깡패를 조직적으로 동원하여 야당 의원을 폭행하고 감금했다. 민중의 지팡이인 경찰이 경무대 앞의 발포로 많은 희생자가 나왔다. 그들은 민주주의를 외치며 선혈을 흘리며 싸늘한 시체로 변했다.

이와 같은 암울한 시대에 문학을 한다는 것은 생활에 도움이 될 수 없음을 깨달았다. 부정과 비리가 난무하는 자유당 말기에 고교생이 중심이 되어 의거에 나섰다. "못 살겠다 갈아 보자" "타도하자 자유당"을 외치며 교문을 박차고 거리로 나왔다. 2·28 의거였다. 학생들의 의거는 4·19 혁명의 도화선이 되었다. 시국이 혼란스러운 시기에 나는 "불운아(不運兒)" 9호와 "감방(監房) 17호의 죄수(罪囚)" 개척 10호 등 두 편의 단편 소설을 "개척지"에 발표했다.

나는 문학에 대한 향수와 막연한 동경심은 생활에 도움이 되지 못했다. 내 인생의 길목에서 문학에 대한 상념(想念) 때문에 고심한 바 있었다. 사회적 풍파 속에 일정한 직업 없이 문학을 한다는 것은 자살행위와 같은 느낌을 받았다. 수년 동안 모는 장서(藏書)를 버리려고 생각하니 눈앞이 캄캄했다. 순간 눈물이 하염없이 솟아나는 듯했다.

그때도 단풍이 우수수 떨어지는 늦은 가을로 기억된다. 서재를 정리한다고 결심하니 한편으로 마음이 편하기도 하였다. 모든 서적을 쓰레기장에 버리고, 탈고한 원고는 소각하며 절필하고 말았다.

오십 수년이 지난 지금에 무슨 미련이 있었기에 글쓰기를 하는 자신의 형상(形象)을 생각하면 인생의 요지경에 내 영혼(靈魂)을 글 속에 담고 싶어지는 심정이 간절하다. (2016년 한국경찰문학)

배움터 지킴이

　청명한 날씨다. 하늘은 맑고 푸르다. 푸른 하늘은 자꾸만 멀어지는 듯하다. 두둥실 떠 있는 뭉게구름은 바람을 타고 춤을 추듯 세월 가듯이 흘러간다. 요사이 한낮은 무더운 여름 같은 날씨다. 봄인가 싶더니 벌써 여름이 닥친 모양이다. 오늘 일기 예보는 31도라 했다. 대구 사람은 봄같은 봄을 즐기지 못하는 듯하다. 봄인가 생각되면 어느새 여름이 다가온다. 지구 온난화에 따른 지각 변동이 심한 듯하였다.
　봄은 만물이 소생하는 계절이라 하더니 초목에도 생기가 넘치듯 하루가 달라 보였다. 생태계의 모든 변화가 대자연의 섭리가 아닌가 싶다. 새로운 생명력을 지닌 초목이 산천을 연초록 물감을 드리운 듯 싱그럽기도 했다.
　5월은 장미의 계절이라 하더니 곱게 물든 장미꽃은 바람결에 출렁거리며 길손의 눈길을 유혹하는 듯하였다.

나는 동창이 밝아 오면 출근을 서두른다. 초등학교 정문 옆 경사진 교차로에 간다. 등교하는 아동들의 등굣길을 도와준다. 아침마다 녹색 어머니와 교통 봉사가 일과의 시작이다. 어린 아동의 교통사고 예방과 신호등 지키기를 지도한다. 학년 반별로 번갈아 나오는 도우미 학부모를 위해 근무 위치를 지정해 주는 것도 나의 몫이다. 등교 시간이 끝날 때가 되면 학부형은 철수시킨다. 혹시라도 지각생이나 원아(園兒)의 안전을 위해 나는 연장 근무를 한다.

교통 봉사가 끝나면 교문을 채운다. 정문의 차량 통행을 막기 위한 학교 측의 방침이다. 잠시 틈을 내어 교문 일원과 운동장 등지에 환경 정리가 끝나면 학생 안전 보호실인 배움터 지킴이 초소로 돌아간다.

아침마다 반복되는 봉사이지만 근무 장소는 변동이 없다. 정문 앞 도로는 도시 외곽도로와 서대구 고속도로를 연결하는 진입로와 인접해 있는 교차로다. 아침 출근 시간이나 눈 내리는 날은 더욱 복잡하고 교통량이 폭주한다. 00 초등학교에 배움터 지킴이로 봉사한 지 3년이란 세월이 접어들지만, 지금까지 교통사고는 없었다. 이곳 교차로는 교통신호 체제가 다른 교차로와 다르다. 타 교차로에 없는 대각선 건널목이 추가되어 있다. 대구지방 경찰청에서는 도심에 교통량이 많고 학교 인근 교차로 5개소를 선정하여 시범적으로 운용하는 교차로다.

우리나라도 비엔나 협약에 가입된 국가로 국제협약을 준수하고, 선진화된 교통정책 방향을 모색하는 듯하다. 차량 진행 신호가 터지면 모든 건널목 신호등에 적색 불이 켜진다. 보행자는 누구도 건널목에 진입할 수 없다. 보행 신호가 들어오면 동서남북 각 방향의 차량이 일시에 정지 신호를 받은 신호 체제다.

대구에서는 2011년 3월부터 국제 신호 체제 시행을 앞두고 교통 시설물 보완이 필요했다. 나는 지난 공직 생활의 경륜과 인맥을 통한 노력으로 가장 먼저 시설물 설치를 했었다. 교통 시설물 작업이 끝난 후 작업 인부의 이야기를 듣고 마음이 기뻤다. "이곳보다 더 급한 교차로가 있었는데 올해에 제일 먼저 설치했다."라고 하였다.

 나는 냉전 시대 경찰에 입문하여 국가와 국민을 위해 몸과 마음으로 정성을 다하였고, 영광스럽게도 모범 공무원으로 퇴임하였다. 과거에는 경찰로 퇴직하면 사회 참여할 기회가 별로 없었다. 경찰 출신이라 하면 사회로부터 냉대가 심했었다. 그러나 지금은 그 형상이 크게 달라졌다. 산업의 발달과 사회 변천에 따라 생활 양상이 많이 변모했다. 기초 질서는 무너졌고, 학교 폭력과 성폭행 등으로 치안의 사각지대가 증가하는 모양새가 현주소가 아닌가 싶다. 생활이 풍요해 짐에 따라 성 문화가 문란해졌다. 어린 아동을 대상으로 범법행위가 사회적 문제로 세상을 깜짝 놀라게 하고 있다.
 우리 고유의 전통적인 유교 사상이 붕괴하고, 핵가족 제도가 정착화된 현실에 어린 아동을 대상으로 하는 범죄가 심각한 문젯거리가 되고 있다.
 내가 봉직하는 OO 초등학교 역시 몇 해 전까지만 하여도 문제점이 있었던 학교라 했다. 학교 주변에 공원이 3개소나 있어 불량 청소년 출입이 빈번했지만, 재향경우회의 아동 안전 지킴이 활동과 담당 지구대의 예방 순찰로 이제는 사소한 사건 사고가 없어졌다. 학교의 교육 방침도 달라졌었다. 주입식 교육이 체험 학습을 통한 인성 교육에 특별히 신경을 쓰는 듯했다. 체험 교육을 통한 아동들 사이에 소통과 친화로 왕따란 언어가 사라졌다.
 나는 수업 시간이 끝날 때마다 복도나 취약지로 추정되는 장소를 순찰하면서 아동들을 유심히 살핀다. 무엇보다 아이들의 기초체력이 부족한 탓으로 비만 아동이 증가하는 듯했다.
 내 초등학교 시절을 생각하면 운동장도 협소하고, 체육 시간도 많이 부족한 듯했다. 아동의 체력 향상과 학업에 도움이 될 좋은 방안이 없을까 싶어 고심해 보았다. 어느 날 오후 내 생각을 교감 선생님께 건의하였더니 좋은 아이디어라고 말씀하셨다. 우선 운동장이 좁고 협소하니 고학년(4, 5, 6학년)부터 참여키로 했다. 아침 등교 시간을 이용하여 경쾌한 교내 방송을 들으며 자연스럽게 걷기 운동을 시작했다. 처음에는 책가방을 메고 걷기가 쑥스러운 듯 참가 아동이 적었으나 지금은 교내 생활의 시작이 걷기 운동이라고 생각하고 있는 듯했다. 이제는 저학년(1, 2, 3학년) 대다수가 참여하고 있다. 몇 개월이 지난 후 00 초등학교 걷기 운동에 관한 사진과 기사가 대구 일간지에 보도된 바 있었다. 학교 당국이나 아이들도 기쁘고 만족스러운 듯하였다. 어느 날 교통 봉사를 마치고 정문 위에 펄럭이는 현수막을 보았다.

 2012년 교육청에서 실시한 학교 평가에 국가 수준 학업 성취도 우수상과 학습 부진 학생 책임 지도 최우수 학교로 선정되는 등 각종 경연 대회에서 아동들의 두각을 나타낸 자랑거리를 현수막으로 보았다.

 나의 보잘것없는 봉사가 아동에게 도움이 되었다고 생각되니 봉사에 대한 보람과 긍지를 느낄 수 있었다.

 인간은 누구나 세상을 살아가면서 참 다운 희생정신이 우리 사회를 밝고 아름답게 꾸민다고 생각하니 마음이 편안하고 행복감에 젖어 드는 듯했다. (2013년 영남문학 겨울호)

맷돌

맷돌의 용도는 다양한 모양이다.

둥글넓적하게 생긴 두 개의 돌이 서로 비비며 돌아가는 것이 맷돌이다. 콩을 넣으면 콩물이 나오고 팥을 넣으면 팥물이 흐르듯이 신기하다. 맷돌에 인간의 의식 구조를 넣을 수 있다면 어떻게 전개될지 궁금해진다.

지금 우리 사회는 너무 혼란스럽다. 명문대학을 나와 좋은 머리로 옳은 방향으로 머리를 쓰지 않고 나쁜 쪽으로 머리를 굴리는 것이 문제다. 일부 층이겠지만 가까운 사람한테 접근하여 해독을 끼치는 것이 비일비재했다. 친분이 있는 사람에게 접근하여 기만 이설로 유혹의 눈길이 상대를 구렁텅이로 빠트린 일이 허다하기 때문이다. 제자가 스승을 속이고 친구가 친구를 속이며, 사람이 먹는 음식물로 장난치는 파렴치한 일이 종종 세상을 시끄럽게 하고 있다.

오늘날처럼 한국인의 의식 구조에 변화가 없으면 선진국 길은 요원한 듯싶다. 일본이나 스페인 같은 선진국은 사람이 먹는 음식물로 장난치고 돈벌이하는 경우가 없다고 한다.

　우리 선인은 맷돌로 다양한 음식물 재료를 만들었다. 지금도 시중에는 손수 가정에서 만든 두부는 맛이 좋아 많은 이가 신호하고 있다. 재료도 우리 콩으로 만든 두부 맛이나 빛깔이 다르다. 우리 농산물이 좋긴 하지만 음식물도 국제화되었다.
　모든 질병은 음식물로 질병이 오는 경우가 많다고 한다. 취사선택은 우리 스스로가 알아서 해야 한다. 그만큼 세상은 미묘 복잡한 것이 지금의 현실이다. 체질에 따라 음식도 가려먹어야만 질병에 시달리지 않고 건강한 삶을 유지할 것 같다. 우리의 물질문명은 풍요로우나 정신문화는 빈곤함을 느낄 때 의식 구조에 문제가 많은 것도 사실이다. 그러하다 보니 OECD 국가 중 행복지수가 하위권에 맴돌고 있는 것도 부인할 수 없다. 언젠가 문제의식을 맷돌에 넣어 의식개조를 할 수 있다면 인성을 바꾸는 방법이 될까 싶어 공상(空想)도 해본다.
　우선 우리 주변에는 기초 질서가 확립되어 있지 않다. 선진국을 여행해 보면 차도나 뒷골목을 돌아보아도 휴지나 깡통이며 담배꽁초 등을 구경하기 어렵다. 하물며 청소부도 없으나 거리는 깨끗하다. 스페인의 경우는 신호등 있는 네거리 도로마다 오물을 분류하는 대형 쓰레기통이 네 종류로 설치된 것을 보았다. 그 규모를 보아 쓰레기 같은 인간을 주워 담을 수 있을 만큼 대형화되어 있었다. 우리와는 문화적으로 다른 면을 느낄 수 있었다.
　맷돌은 정직하다. 가운데 뚫린 구멍에 어떤 농산물을 넣어도 다른 농산물은 나오지 않는다. 마치 콩 심는 데 콩 나고 팥 심는 데 팥이 나올 뿐이다. 이제는 맷돌도 구경하기 어렵다. 과거에는 집집이 맷돌이 있었지만, 지금은 골동품 가게에서나마 구경할 수 있다는 것만 보아도 세상사의 변천을 보는 것 같다.

지도자는 누구나 정권을 잡으면 개혁을 외친다. 개혁이란 것이 밥 먹듯 쉬운 일이 아니다. 어려서부터 가정과 학교 교육을 통하여 인성 교육으로 자기 스스로 깨쳐야만 가능하다고 본다. 무엇보다 지도자의 정직한 인생이 아닐까 싶다. 미디어 시대에 정의가 바로 서고 진실이 통할 때 사회 기풍도 조성되리라 여긴다. 잘못된 관습을 일시에 바꿀 수는 없다 하더라도 세월이 가면 서서히 고칠 수 있기 때문이 아니겠는가?

　사람은 누구나 심성을 좋게 타고 난다. 세상을 살아가면서 사회 구조적 문제로 인하여 심성이 악해질 수가 있는 것도 사실이다. 항간에 유전 무죄 무전 유죄가 사회적 변혁을 초래했었다. 한때나마 돈이 인간의 존엄성도 황폐화한 일면도 있었다고 생각된다. 물론 자본주의 사회에 돈이 있어야만 사람 구실도 하는 불가분의 역학(力學) 관계로 인한 인정미가 소멸한 바 없지 않았다. 그러하다 보니 이웃도 모르고 자식이 부모를 공경할 줄 모르는 참담한 세상이 되고 말았다. 지금의 7080세대는 삼강오륜을 배웠고 몸소 실천하는 풍속이 생활화되어 있었다.

　정부에서는 교과목에 한자 교육을 폐지하고 보니 삼강이나 오륜은 자취를 감추었다. 위정자의 교육정책 빈곤이라 아니 할 수 없었다. 선조로부터 이어받은 좋은 점을 숭상치 못하고 배척한 것은 잘못된 정책이 아닌가 싶어 섭섭한 생각이 들기도 한다.

　사회적 폐습을 맷돌로 의식 구조를 개혁할 수 없다면, 수술대에 올라야 할 군상(群像)이 있는 점도 사실이다. 체내에 곪고 썩어가는 부위를 메스로 도려내어야만 한다. 곪고 썩어 가는 부위(部位)를 수술하지 않으면 생명이 위험해질 수 있다. 호미로 막을 수 있는 것을 내버려 두면 가래로도 막지 못하는 잘못을 하기 때문이다.

　신통한 맷돌 같은 인간이 있을 수 있다면 많을수록 우리 사회는 풍요롭고 정의로워진다. 만약 그런 세상이 온다면 정말 사람 사는 맛이 나는 세상이 아닐까 싶기도 하다. (2017년 이후문학)

나 홀로

　세상사 혼자 밥 먹기를 좋아하는 사람은 없을 것 같다.
　그러나 우리 사회는 어쩔 수 없이 나 홀로 사는 사람이 늘어 가는 추세다. 청춘 남녀가 한 가정을 이루고 대를 이어 살다 보면 늙기 마련이다. 누구나 오래도록 살고 싶겠지만, 언젠가는 먼저 세상을 하직하는 사람이 있다. 그러고 보면 세월을 이기는 장사는 없는가 싶기도 하다. 요즘 백 세 인생이라 하더라도 어적거리며 살다 보면 늘어나는 나이는 속일 수 없는가 싶다. 세월이 강물처럼 흘러가듯 나무의 나이테처럼 연륜이 쌓인다. 누구나 고희를 지나고 보면 노쇠 현상이 나타난다. 무릎도 아파지고 전신이 쑤시고 아플 때가 있다. 늙으면 누구나 겪는 어쩔 수 없는 형상이 아닐까 싶다.
　아무리 금실이 좋은 부부라 하더라도 언젠가는 사별하는 것도 사람의 운명이 아닐까 싶다. 혼자 남은 사람은 혼자 밥 먹기가 싫어도 어쩔 수 없이 먹을 수밖에 없다. 혼자 살다가 보면 서글픈 일이겠지만, 그 순간을 벗어나고 싶어도 인력으로 되는 일이 아니다. 운명적으로 다가오는 일을 피하기 어렵다. 자식이 부모에 대해 효성이 지극할지라도 부부애에 비교할 수 있으랴! 더욱이 핵가족화된 세상에 이기적인 사고가 극치를 이루고 있는 것을 보면 비록 노년이라 할지라도 자기 스스로 미래를 대비해야 할 것 같다. 그래서 시중에 떠도는 이야기가 나 홀로 일 때 환경에 적응할 수 있는 준비를 해야 한다는 이야기가 화제 되고 있다.

  홀로 잠을 자거나 혼자 밥을 먹기 싫어도 어쩔 수 없이 숙명처럼 닥치는 것이 인생살이다. 우리 사회에 혼자 밥을 먹는 사람이 삼백만에 육박하고 있다고 한다. 그래서 혼자 밥을 먹는 사람을 위해 식자재도 다양하게 개발되고 있는 것이 현실이다. 연간 매출이 5조가 된다고 하니 놀라운 일이다. 그만큼 나 홀로 사는 가정이 늘어만 가니 식자재도 다채롭다. 홀로 사는 사람을 위해 식자재를 다양하게 개발하는 것도 지극한 현상이 아닌가 싶기도 하다.

  가까운 친구 가운데 50대에 사별하고 홀로 사는 친구가 있다. 슬하에 아들 두 사람 중 한 아이는 인천에 살고 둘째는 서울에 직장을 두고 있으니 할 수 없이 혼자 대구에 거주하고 있다.

  아버지가 장가든 자식과 한집안에 함께 지내는 것은 불편한 일이 있을 수 있겠지만, 시아버지와 아들 내외와 한집안에 동거하는 것은 서로 간에 불편하다는 이야기가 이구동성이다.

  나 홀로 마음 편히 살다 보면 혼자 밥을 먹을 수밖에 없는 처지다. 젊은 신세대는 나이 든 부모를 모시지 않겠다는 것이 사회적 통념처럼 된 시점에 서로 간에 마음 편히 살기 위해 혼자 밥을 즐기는 부류도 있다고 한다. 뿐만이 아니다. 젊은 청년이 경제력이 없어 결혼도 하지 못하고 혼자 밥을 먹는가 하면 나이가 들어도 부모 슬하에 캥거루 같은 더부살이 삶이 늘어만 가는 추세다. 한편 젊은 여인들은 경제력만 있으면 결혼 생활을 피하는 경향이 있는 것도 현실적인 이야기다. 나 혼자만이 삶을 즐기며 세상을 살다 보면 혼자 밥 먹기를 부추기는 풍토가 되는 것도 부인할 수 없다. 해외여행을 떠나 보면 삼사십 대 여성이 대다수다. 사 오명이 조를 편성하여 유럽이며 아시아 등지로 여행을 즐기는 한국 여성들을 흔히 본다. 경제력이 좋아지고 보니 세상이 많이 변한 것을 절감케 한다. 그러하니 나 홀로 사는 세대가 늘어만 가는 추세다. 식자재 시장에도 혼자 사는 소비자 탓에 호기를 맞는 듯했다. 그렇다 하더라도 사람은 언제나 젊은 것은 아니다.

누구나 세월이 가고 연륜이 차면 언젠가는 늙어지기 마련이다. 늙어서도 혼자 산다는 것은 삶이 외롭고 고독해지기 마련이다. 우선 편한 것만 생각하고 미래를 대비하지 않은 것은 불행을 자초할 수 있을까 싶어 심히 염려스럽기도 한다. 인간은 언제나 미래를 향해 계획적이고 짜임새 있는 생활을 갈구해야 할 것 같다. 그러기 위해서는 남녀가 결혼 적령기가 대면 가정을 꾸미고 사회생활을 하는 것이 정상적인 생활 관습이 아닐까 여긴다.

정부에서는 홀몸노인을 위해 삶의 실태를 수시로 조사하지만, 인력 부족으로 삼백만 명의 노인을 위해 행정력이 미치지 못하는 사각지대도 이따금 발생하고 있다. 생활 보장 대상자를 위해 제공한 몇 평 안 되는 거주 공간에 살면서도 왕래하는 인척이 없으니 언제 사망하였는지 모르는 경우가 이따금 발생하고 있다. 부인할 수 없는 현 실정이다. 애석하고 안타까운 일이 아닐 수 없다. 올해만 하여도 복지 예산이 100조가 넘었지만, 효율적인 예산 집행을 하더라도 악용되는 사례도 없지 않은 것 같다. 이미 세상을 하직한 사람에 대하여 사망 신고도 하지 않고 생활 보장 대상자인 것처럼 돈을 받은 사례를 보아 한심한 생각도 들지만, 오죽 생활이 어려우면 그 짓까지 했는지 측은한 마음이 앞을 가린다. (2021년 영남문학 여름호)

연금이 효자다

　봄바람이 불어온다. 심산계곡에도 봄의 기운이 머물고 있는 듯 겨우내 얼어붙었던 얼음장 같은 눈 덩어리가 시절을 거스르지 못하고 맑은 물로 계곡을 적신다. 바위틈으로 떨어지는 낙수 소리가 귓전에 맴돈다.
　산과 들녘에는 계절의 변화에 순응하며 연초록 물감으로 채색되어 녹색 물결로 가득하다. 야생초와 초목이 봄볕을 즐기는 듯 바람을 타고 뭇사람에게 다가온다. 청명 한식이 되니 싱그러운 풀 냄새와 꽃향기가 후각을 자극한다.

　구구 팔팔 이삼 사라 하더니 인간의 수명도 의료 기술 발달과 복지제도 덕분에 장수하는 노인층이 증가 추세다. 주말이 되면 고속도로 휴게소나 화장실에 많은 노인이 인산인해를 이룬다. 건강도 관리하면서 산행도 하고 고적지 여행도 즐기려는 노인들이 대다수다.

100세 시대 연금이 자식을 대신해 효자 노릇을 톡톡히 한다는 이야기를 거침없이 하고 있다. 하지만 낮이면 공원이나 지하철 등지에 노인 풍속도가 현실을 대변하는 듯했다.

공직자는 누구나 때가 되면 퇴직 시기가 도래한다. 퇴직을 눈앞에 두고 마음 갈등을 겪는 경우가 허다하다. 나 역시 정년퇴직할 때가 결정되고 보니 연금 문제로 고심하였다. 전액 연금으로 할까, 일시금으로 목돈을 찾을까, 20년 연금을 선택할까, 어떻게 하면 좋을까 싶어 마음의 갈등이 있었다.

당시 국가 경제 사정은 은행 금리가 높았다. 퇴직을 앞둔 공직자에게 유혹의 손길이 되기도 했었다. 그렇지만 나는 다시 한번 생각했다. 한평생 공무원으로 봉직하면서 의식주 해결과 남매를 대학까지 졸업시킨 지나간 세월을 돌이켜 보았다. 나라 경제가 어려운 시기에 퇴직 일시금을 신청할 용기가 나지 않았다. 그래서 20년을 연금으로 신청하고 퇴직 수당과 9년 치는 일시금으로 찾았다.

훗날 나라 경제가 파탄 날 경우 연금을 국가에 헌납할 각오를 스스로 다짐했었다. 정권이 바뀌고 국민의 정부가 들어섰다. 전 국민이 경제 살리기 위해 금 모으기 운동이 범국민적으로 전개될 때 나 또한 적극적으로 동참하였다. 국민의 힘으로 국가 경제 위기를 점차 벗어날 기미가 엿보이기 시작했었다.

1998년 퇴직 공직자는 대다수가 퇴직금을 일시금으로 정산하였다. 연금을 선호하지 않았던 동지들로부터 2~3년이 지나자 슬픈 소식을 들을 때 격세지감을 느꼈다. 한때 조직에서 생사고락을 같이한 동지가 다시 돌아올 수 없는 외로운 길을 혼자 보낼 때 내 가슴은

쓰리고 찢어질 듯 아팠다. 나 또한 야인이 된 지 올해가 16년이 되고 보니 무정한 세월은 강물 흐르듯이 인생무상이 절로 생각났다.

그 해는 퇴직 공무원의 절반도 되지 않은 사람이 연금을 선택하였지만, 지금은 퇴직자의 대다수가 노후 대책을 위해 연금을 신청한다고 한다.

내가 공직에 입문할 때는 남과 북은 냉전과 이데올로기 갈등이 극심하였고, 학생 데모는 날로 격화되었으며 치안 상태는 불안정한 격동기였다.

젊은 시절 국가에 봉직하면서 나 혼자 생각한 바 있었다. 조상님과 가문에 잘못하는 공직자가 되지 않기를 다짐했었다. 재임 중 소중히 간직한 신념 같은 좌우명을 가슴에 새기며 공무에 임하였다.

좌우명은 이러했다.

生 爲 祖 國 生, 死 爲 民 族 死.

'사는 것도 조국을 위해 살고, 죽는 것도 민족을 위해 죽는다' 라는 집념(執念)이 있었기에 무난한 공직 생활을 대과(大過) 없이 마칠 수 있지 않았나 생각된다.

지금 고희가 지난 노령에 국가 정책 배려로 배움터 지킴이로 봉사하면서 손자. 손녀 같은 어린 아동들과 어울리면서 학생들의 안전사고 예방을 위한 등하굣길 교통 정리와 학교 폭력 예방 활동이 즐겁고, 제2 인생의 활력소가 되고 있어 마냥 즐겁기도 하였다.

작금(昨今)에 아무리 생각해 보아도 이 모든 것이 연금이라는 효자 덕분이 아닌가 싶다. 어려운 시기에 연금을 선택했던 나에게는 천만다행이라 여겨진다. 적은 돈이지만 아내의 절제된 생활과 불평불만 않은 것이 나에게 무한한 용기를 주었다. 내년이면 연금법이 개정된다는 소식에 임기가 얼마 남지 않은 후배 경찰관에게 연금을 적극적으로 권유하고 싶다. 100세 시대 연금만 한 효자가 없듯이 "연금이 효자다"라는 유행어가 만연(蔓延)되는 것도 과언이 아닌 듯하다.

매월 약정된 날짜에 꼬박꼬박 들어오는 연금을 생각하면 자식보다 효자 노릇을 톡톡히 하고 있어 감사하고 고마운 마음 금할 수 없다. (2015년 대종회보 123호)

정 일병의 영혼

　나는 살구꽃이 피는 4월이 되면 아련한 생각에 잠길 때가 있다. 비록 오랜 세월이 지난 이야기지만 가슴에서 쉽게 털어내지 못하고 지금은 추억으로 간직한 안타까운 사연이 있었다.
　그것은 월남전이다. 처음 비둘기 부대는 공병과 의무 요원으로 구성되어 선발 부대로 출국했다. 나는 전투부대 파병 시 월남전에 참전키로 자원했다. 그러나 제대 날짜가 8개월밖에 남지 않아 참전할 수 없다는 통보를 받고 실망했다. 인사 참모부가 주축이 되어 병과별로 인원 차출이 있었다. 중대 단위의 전투부대 편성을 위해 부서별로 인원 배정은 불가피했다. 2대 독자나 외동아들은 선발에서 제외했다. 인사 참모부에서도 내무생활을 같이하던 정 일병이 자원했다. 군인으로 해외 파병되는 전투 단위의 최초 부대가 맹호부대였다. 부산항 제3부두에서 출항하는 맹호부대의 환송식은 대단했다. 국민의 열렬한 관심을 받은 환송은 장병들의 가슴을 뜨겁게 하였다.

맹호 사단은 다낭에 주둔하기로 진지가 마련되어 있었다. 월남은 자연림이 우거진 밀림 지역으로 한국군이 작전하기에 장애물이 너무나 많았다. 가장 시급한 문제가 양민과 월맹군을 분리하는 작업이 중요했다. 정 일병이 파병된 지 7개월이 지난 어느 날 정찰 수색조에 편승되어 정찰 업무 차 수색에 참여했다가 베트콩이 매설한 부비트랩 폭발로 장렬하게 전사했다는 소문이 자대에 퍼졌다. 어찌 보면 정 일병은 이국땅 밀림에서 수색 정찰 대원들을 살리기 위해 자기 몸을 던져 자폭했다는 기사가 전우신문을 통해 소상하게 보도되었다. 수색 작전에 동원된 전우를 살린 정 일병의 희생정신에 저절로 고개가 숙여진다.

그가 논산 훈련소에서 6주간의 군사 훈련을 마치고, 임지에 배속되어 후반기 교육을 받고 있을 무렵 면회 온 아가씨가 있었다. 그녀는 서울에 거주하며 Y여대 2년생인 J라는 여대생이었다. 두 사람은 대학의 학보사 일을 하면서 알게 되었다고 한다. 그가 군에 입대하기 전에는 두 사람 사이에 친구처럼 오빠같이 다정다감하게 지냈다고 한다. 별문제가 없었던 연인 같은 사이가 입대 후 여대생의 신변에 변화가 왔다. 교내 동아리 활동을 통하여 대학 선배의 감언이설에 빠져들었다. 그로 인한 두 사람 사이에는 강물이 유유히 흐르는 교량이 생기고 말았다. 정 일병이 병영 생활을 하면서도 그녀의 마음을 되돌리려고 무척 애를 썼다. 애를 쓴 흔적은 부메랑 되어 마음의 상처만 깊어져 갔다.

정 일병은 후반기 6주간의 교육 훈련을 자대에서 받았다. 처음에는 2주 만에 한 번씩 면회를 왔으나 교육이 끝나자, J 여대생은 소식이 묘연해졌다. 그가 월남전에 자원하게 된 동기도 그녀와의 관계가 소원해진 탓도 있겠지만, 새 출발을 위한 새로운 도약의 발판을 마련하기 위한 시발점이기도 했다.

지금 그에게는 삶과 죽음의 갈림길에서 생사를 같이할 수 있는 전우가 옆에 있다는 것이 중요했다. 우기 속에 총탄이 비 오듯 쏟아지는 처절한 전쟁터에서 전우만큼 절실한 동지는 없었다.

 J라는 여대생도 운동권 선배의 화술에 넘어가 전유물로 이용만 당하고 끝내 버림받은 처지가 되고 말았다. 여자란 사소한 일에라도 관심과 애정을 느끼면 연못의 물안개가 피어오르듯이 심적 변화를 일으킨다. 사춘기의 젊은 여인일수록 동화되기 쉽고, 분위기에 취해 어쩔 줄 모르는 것을 보아 "여자의 마음은 갈대와 같다."라는 말이 적절한 표현인지 모른다.

 월남전은 민족 통일의 전쟁이 되었으나 참전했던 용사들은 고엽제의 고통과 전후의 상처를 앉고 살고 있는 것이 현실이다. 그 당시 수색대원으로 정 일병과 함께 수색 작전에 참여했다가 생명을 구한 용사들이 성금을 모았다. 소속 부대인 포병대대에 정 일병의 동상을 세우고 그의 희생정신을 길이길이 추앙되고 있다고 한다. J라는 그녀도 지난날을 참회하며 정 일병의 동상 앞에 장미꽃 한 아름을 받쳐 놓고 묵좌한다. 하늘의 먹구름이 동상 위를 지나면서 천둥·번개로 변한다. 갑자기 소낙비가 쏟아지면서 뇌성이 불빛을 동반하고 있다. 여인의 시야에 포연이 터지는 불빛이 번쩍이자 참았든 눈물이 하염없이 쏟아진다. 들먹거리는 여인의 모습에서 인생무상을 느끼는 듯했다. 눈물로 범벅이 된 그녀의 영상 앞에 정 일병의 환영(幻影)이 연못 속의 물안개처럼 그녀를 향해 운무雲霧가 밀려오는 듯했다.
(2012년 대구문학)

황혼열차(黃昏列車)

 뜬눈으로 밤을 새웠다. 아무리 잠을 청해도 몽유병 환자처럼 갖은 상념이 뇌리를 사로잡는다. 먼동이 트면 테마열차로 동호인과 겨울철 여행길을 떠난다. 생각만 해도 마음이 천진난만한 아이들처럼 들뜨는 기분이다. 남자는 마음이 늙으면 늙는다고 했듯이 인생의 삶이 저물어 가는 석양의 길목에서 문학 동호인과 아름다운 황혼열차에 몸을 싣고 매연이 풍기는 도시를 떠난다고 생각하니 마음이 즐겁고 저절로 행복해지는 듯했다. 그 행복한 마음은 옥타브 되어 설렘으로 다가온다.
 테마열차는 동대구역을 기점으로 한다. 아침 08:34분에 출발하는 순환 열차의 무궁화호 객차마다 유니크하게 꾸며져 있고, 경북의 17개 간이역을 순환하는 열차다. 임진년 정월에 경북지방을 순환하는 열차는 객실마다 이색적인 형상이 우리의 삶을 대변하듯 보기만 하여도 눈이 즐거워진다. 차량 외부 장식이나 실내가 일반 열차와는 판이하다. 우선 보기만 하여도 테마열차는 인생의 꿈과 낭만과 풍류를 싣고 추억을 만드는 열차이기도 했다. 대구를 출발한 기관차는 구미를 지나 김천이 가까워져 오자 차창 밖에 번쩍이는 황악산 봉우리마다 핀 눈꽃이 한 폭의 동양화 같기도 했다. 은빛으로 몸을 단장한 황악산의 자태가 장관이다. 열차는 강기슭을 따라 교량을 건너고, 산모퉁이를 돌아가면 새로운 자연 풍광이 펼쳐지기도 했다. 지역마다 특용 작물 재배 탓으로 엄동설한에도 신선한 채소가 밥상에 올라오듯이, 예로부터 산수가 수려하면 그 지방에 선비가 많이 배출되었다고 한다. 열차는 쉬지 않고 가쁜 숨을 몰아쉬며 북녘땅을 향해 달린다. 경북 북쪽에는 월악산, 소백산 국립공원과 동북방에는 태백산맥에서 뻗어난 청량산 도립공원이 병풍처럼 감싸고 있다.

순환 테마열차는 대자연의 아름다운 풍광과 문화자원을 활용한 친환경 관광으로 우리의 미래를 밝게 비춘다. 사람은 누구나 자연의 섭리에 순응하며 자연과 더불어 풍요롭게 살 수 있다면 사람다운 정(情)의 문화가 인간의 심성을 정화하지 않을까 싶기도 하다.

나는 영주역에서 하차했다. 선비촌과 소수서원을 둘러 고찰인 희방사를 돌아보고 싶었다. 역사(驛舍)를 벗어나 연계 관광버스에 올랐다. 선비촌을 돌아보고 소수서원 길목에서 은빛 찬란한 소백산 산등성이 은하의 경관이 길손의 마음을 밝게 해 주는 듯했다. 태산준령(泰山峻嶺)은 말이 없고 바위틈 사이로 떨어지는 물방울 소리가 목탁(木鐸)음처럼 적막을 깨트린다.

소수서원은 우리나라 최초의 서원이다. 선비들이 많이 배출된 서원으로 유명세를 달리하고 있다. 죽령의 고갯길은 과거 보러 가는 한양의 길목이기도 했다. 소수서원은 굴절된 역사를 이야기라도 하듯 수백 년 묵은 소나무며 은행나무가 울창한 숲을 이루고 있다. 경내는 우리 문화의 전통을 살린 흔적이 서원 곳곳에 묻어 소수서원을 지키는 듯했다.

나는 희방사에 가기 위해 죽령의 험악한 오르막길을 혼자 외롭게 오르고 있다. 소백산은 지리적으로 삼국시대부터 군사적 요충지다. 한반도의 등뼈와 같은 백두대간의 줄기를 차지하는 명산(名山)이다. 소백산에 흩어져 있는 사찰은 의상대사와 그의 제자들에 의해 삼국통일 직후에 창건되었다고 한다. 그러나 희방사는 고운사의 말사로 삼국 통일 전 선덕여왕 12년(643년)에 두운(杜雲) 조사가 소백산 남쪽 기슭에 창건한 사찰이다. 경내에는 희방사 동종과 월인석보 책판을 보존하고 있다. 동종은 조선 영조 18년(1742년)에 주조된 것으로 머리 부분이 둥글고 아래로 내려가면서 곡선 모양으로 만들어진 종이다. 종을 거는 고리는 두 마리의 용으로 되어 있고, 몸통에는 두 줄의 띠가 있다. 처음에는 충북 단양 대흥사 종으로 주조되었으나, 사찰이 폐사 되자 희방사로 이전하였다. 종의 몸통에는 네 사람의 보살 입상이 배치된 안정감 있는 범종이다. 월인석보는 세종의 명으로 석가세존의 일대기를 국문으로 엮은 석보상절과 세종이 그 석보상절을 보고 석가세존의 공덕을 기리며 노래로 지은 월인천강지곡을 합친 책으로 전해 오고 있다.

희방사의 창건 설화는 어느 날 두운 조사가 산길을 가다가 신음하는 호랑이를 발견하였는데 어떤 여인을 잡아먹고 그녀의 비녀가 목에 걸렸던 것을 두운 조사가 비녀를 빼주어 호랑이를 살려 주었다. 호랑이는 그 은혜를 갚기 위해 신라 호장(戶長)의 무남독녀를 물어다 두운 조사에게 주었더니 스님이 이 딸을 호장에게 돌려보냈다. 호장은 감복하여 그 은혜를 갚기 위해 희방사를 지어 주었다는 설화가 있다.

희방사가 위치한 소백산은 한자로 小白으로 표시하는데 白 자는 주먹을 '불끈' 쥐고 엄지손가락을 세운 모양이니 으뜸으로 상징한다. 옛사람은 태백산과 소백산을 '二伯'으로 함께 인식하였다. 해발 1,439.5m의 소백산에는 호국 목적으로 세워진 신라 고찰이 많이 있다. 최고봉인 비로봉 아래는 비로사와 용천사가 있고, 국망봉(1,420m) 아래는 초암사와 성혈사가 있으며, 연화봉(1,383m) 밑에는 희방사와 국내 내륙지방의 최대 폭포인 높이 28m가 되는 희방폭포가 있다. 그 동쪽으로는 부석사가 있다. 산 이름이 소백산(小, 적을 소)이지만 산자락은 결코 작거나 낮은 산이 아님을 알게 되었다.

　나는 희방사 대웅전 앞뜰에서 소백산의 장엄한 저녁노을을 바라보면서 마음만은 벌써 영주역에 도착할 테마 순환 열차를 기다리는 듯했다. (2012년 열린 수필 5호)

2부

개척자

개척자
철마는 달리고 싶다
대못
잔인한 6월
모포 부대
계유정난과 사육신 박팽년
수술대의 군상
직업 공무원
무심한 세월
경찰은 국가 안보의 초석이다
분단된 조국의 명운

개척자(開拓者)
-석우 선생 시비 앞에서-

 입춘(立春)이 지났다. 앞산 큰골 석우(石牛) 선생의 시비가 보고 싶다.
 눈꽃이 소복소복 쌓였던 매화나무 가지에도 어느새 꽃송이가 뽀송뽀송 눈을 내밀고 있다. 멀지 않아 봄의 여신이 전언 통신을 전할 것 같다.

명절이 지나고 우수 경칩 때가 되면 대동강 물이 풀린다고 했다. 동면하던 개구리도 겨울잠에서 깨어나 개울에서 먹이 활동이 분주해질 때다.

지난해에는 유난히도 눈이 많았다. 하얀 눈에 묻힌 앞산 큰골은 삼동에 얼어붙었든 얼음이 녹고 계곡에 맑은 물 흐르는 소리가 귓전에 맴도는 듯하다. 계곡이 깊은 큰골은 겨우내 세찬 바람 소리가 끊어지지 않는 계곡이다.

큰골을 따라 산(山)을 오르다 보면 낙동강 전승 기념관이 있다. 남과 북이 냉전 시대 갈등 속에 반공 교육을 위해 세워진 전시관이다. 그곳에는 전쟁의 참혹했던 민족의 역사가 전시장을 가득 채우고 있다. 건물 밖은 6·25 전쟁 때 사용했든 무기가 산행인의 발걸음을 잠시 멈추기도 한다.

전승 기념관 건너편 계곡에는 우직하게 우뚝 선 웅장한 돌덩어리가 큰골을 지키고 있다. 수십 년간 삭풍과 찬 서리를 맞으며 등산객의 바람막이처럼 근엄하게 서 있는 바위덩어리는 다름아닌 석우(石牛) 선생의 시비(詩碑)다.

석우 이윤수(李潤守, 1914~1997년) 선생은 한국시 단의 선구자이며, 새로운 문화를 창조하는 개척 정신으로 삶을 살아오신 분이다. 명금당(名金堂)은 석우 선생이 보석과 시계점을 경영하시던 점포명이다. 지금의 서성로 교회가 있는 자리인 듯하다. 명금당 점포에 『죽순』시인 구락부란 현판을 걸었다. 해방 후 한국 최초의 범 문단의 시(詩) 전문지인 『죽순』의 산실이 명금당이다. 선생은 한국 근대 문학사에 하나의 큰 획을 그는 분으로 죽순 창간호가 빛을 보게 된 것은 1946년 5월 1일이다. 창간호에 특이한 점은 발행인이 창간사를 시(詩)로 썼다는 것은 하나의 문학사적 기록이기도 했다.

창간사의 몇 줄이 떠오른다.

"백두산 천지서 춤추던 별들은/ 이미 천사가 피어 논 고은 이불 속에

숨었다/ 부엉이 산기슭에 울음마자 끝나고/ 기척 없이 성근 대숲에 끼인/ 무거운 안개의 문을/ 태양이 밀고 열었다."

죽순 창간사는 해방 후 민족의 애끊은 마음과 민족혼을 절규하다 시피 묘사한 시(詩)가 아닌가 싶다.

창간호에 참여하신 선생은 발행인 이윤수, 유치환, 박목월, 이응창, 이호우, 이영도, 김동사, 오난숙, 최해룡, 이병화, 최무영, 최양취, 이갑득, 정신영, 김한영, 김상수, 박병호 등 17명의 작품이 발표되었다. 동인으로 구상, 박두진, 조지훈, 김춘수, 이순자, 이상로, 신동집, 조연현, 박양균, 김상옥, 윤곤강, 조영암, 설창수, 박화목 등이 집필자로 참가했다.

석우 선생은 평소 살아생전에 앞산 공원을 자주 찾았다. 건강관리를 위해서였다. 여름철이면 반바지 차림으로 큰골을 찾아 바위에 홀로 앉아 애용하던 파이프를 손에 쥐고 안개 같은 자연(紫煙)을 벗삼아 명상에 잠길 때가 많았다.

나는 큰골에 세워진 선생의 시비 앞에서 지난 세월을 돌이켜 보았다. 선생과 처음 만난 것은 군 복무를 마친 후 문학청년 시절이었다. 매일경제신문 기자 생활이 생리에 맞지 않아 사임하고 쉬고 있을 때, 문우의 소개로 취업 문제로 만났다. 아마 1968년경인 듯싶다. 중앙로 대구은행 네거리의 루비 다방에서다.

선생은 녹색 베레모를 쓰고 햇살이 가득한 창가 쪽 소파에 몸을 의지한 채 마도로스파이프를 입에 물고 있었다. 봄철이라 다방 안에는 손님들이 여기저기 삼삼오오로 모여 있었고, 그윽한 자연(紫煙) 속에 석우(石牛) 선생이 시상(詩想)에 잠긴 모습을 볼 수 있었다. 다방 분위기는 다양한 손님이 이리저리 모여 앉아 인생의 희로애락과 문학과 철학이 가미 된 삶의 이야기를 나누는 만남의 장소인 듯했다. 인사가 끝나자 선생은 나에게 『세대』월간지 총무부장 직함을 제안하시며 함께 일하자고 하셨다. 명금당을 경영하시며 한때 월간 교양지인 세대 대구지사를 경영했었다.

　나는 석우 선생의 사업을 도우며 하는 일은 간단했다. 각 기관을 상대로 『세대』 월간지 정기 구독 신청을 받는 일이었다. 공공기관의 기관 단체장을 방문하고 구독 신청을 받던 그 시절이 추억 속에 묻어나는 듯했다. 20대 후반의 젊은 나이에 도지사, 시장, 군수, 경찰서장 등을 방문할 때는 공화당 지부를 통한 사전 약속을 하고 방문했다. 당시 『세대』 월간지는 집권당의 기관지로 고위 공직자는 정기 구독을 했었다.

　선생과 나는 해 질 무렵이면 자주 만났다. 아카데미 극장 건너편 문사들의 단골인 "옥이 집"이나 "가 보자!" 주점을 찾았다. 주점은 항상 시끌벅적했다. 술잔을 나누며 문학과 사업에 관한 이야기가 많았다.

　어느 봄날 오후 석우 선생 자택을 방문한 바 있었다. 대구 중구 봉산동 소재 소년 심리원 인근 남향 와가였다. 담장은 붉은 벽돌이었고 담장 위 둥근 철조망 사이로 덩굴장미가 울타리를 이루었다. 장미꽃이 활짝 핀 대문을 들어서면 장독대에 크고 작은 독단지가 나란히 정렬된 형상을 볼 수 있었다.

　선생은 나를 서재로 안내했다. 잠시 후 중년의 사모님이 술상을 들여보냈다. 수복 백화 정종 술잔을 주고받으며 일몰이 가깝도록 인생의 심오한 이야기가 시(詩)를 낭송하시는 듯했다. 삶에 대한 지난 세월을 회고하시는 듯 말씀하셨다.

　우람한 체구에 『죽순』에 관한 이야기를 하실 때는 안경 너머 충혈된 눈동자에 정기가 날 듯 열정을 토하신 분이기도 했다. 선생은 한국 시단의 개척자일 뿐 아니라 우리나라 최초의 시비(詩碑)를 건립하는 데 주도적 역할을 하였다.

　1947년 3월 대구 달성공원에 이상화 시인의 "나의 침실로"는 죽순 문학 주관으로 건립되었다. 불모지인 대구에 『죽순』 동인지를 창간하였고, 향토 민족시인 시비(詩碑) 건립 추진에 앞장선 분이다. 선생은 세상을 멀리 보는 안목이 남들과 달랐다. 새로운 문화 창달을 위해 의욕이 대단했다. 명금당 수익의 일정 지분을 문화 예술과 관련된 사업 투자에 인색하지 않았다.

　석우 선생과 헤어지게 되면서 내 인생의 전환기가 왔었다. 『세대』 월간 교양지 보급으로는 가정생활을 할 수 없었다. 수입보다 지출이 많았기 때문이다. 이듬해 가을 총무부장 직을 사임하고 새로운 삶을 위해 다른 길을 물색했다. 문학계를 떠나 공직 생활을 하는 동안 잦은 이사로 소중한 책을 정리하고 절필하고 말았다.

　삼십여 년 몸담았던 공직을 퇴직하고 보니 공허한 마음이 뇌리를 감싸는 듯 허전했다. 절필한 지 오랜 세월이 지났으나 문화 예술에 대한 미련을 버릴 수 없었다. 사십 수년 만에 문단을 뒤돌아보았다. 너무나 엄청난 변화를 실감했다. 그 옛날 다방이나 주점에서 만날 수 있었던 문단 선배들은 이미 고인이 되어 대구 근교 공원이나 야산 자락에 시비만이 한 시대를 대변하는 듯했다.

　석우(石牛) 선생의 시비 앞에 섰다. 등산객 몇 사람이 서성거리고 있었다. 움직일 줄 모르는 비석은 오늘도 내일도 앞산 큰골의 비바람을 맞으며 계곡을 지키고 있는 듯하다.

　"해풍이 앗아간 봄을 어루만지며/ 외로이 모래밭에 엎드려/ 모래알을 헤인다/ 억겁 일월/ 밀려갔다 밀려오는 파도처럼/ 아이! 헤아려도 헤아릴 수 없는/ 인간 삶의/ 사랑과 슬픔과 고뇌의 씨앗들/ 파도 되어 밀려온다."

　선생은 『죽순』 창간 50주년 기념행사를 준비하던 중 귀갓길에 불의의 교통사고를 당했다. 식물인간으로 고생하시다가 1997년 타게 하셨다. 애석하고 안타까운 일이었다. 생전에 종로며 향촌동 등지에서 술자리를 같이했던 옛일을 생각하면 가슴이 저린 듯 아파온다.

　나는 늦게나마 선생의 시비에 술 한 잔을 올리고 눈을 지그시 감아 보았다. 지난날 선생과 아름다웠던 추억이 계곡의 바람을 타고 파도처럼 밀려오는 듯했다. (2013년 대구문학 3·4월호)

철마는 달리고 싶다

 금년은 6·25 동란이 발발한 지 60주년이 되는 해다.
 동족 간에 전쟁의 상처는 삼천리 금수강산을 피로 물들이고 산하는 초토화되었다. 경인년 6월은 어느 해보다 잔인한 여름이 될 것 같다.
 전쟁이 남기고 간 상처는 60년이란 세월이 유수와 같이 지났지만, 그 상처는 아직도 아물지 않고 있다. 단란했던 가족은 남과 북으로 갈라졌고, 천만 명의 이산 가족을 양산 했다. 총탄이 빗발치는 생사의 갈림길에서 형제는 남과 북으로 뿔뿔이 흩어진 것이 6·25 전란이 아니던가.
 아 아 ! 잊으랴 어찌 우리 그날을 ----.
 막상 전쟁이 끝나고 정전 협정으로 휴전은 되었으나 전쟁의 깊은 상처는 아직도 아물지 않고 있다. 남과 북은 냉엄한 현실 앞에 동족 간에 총부리를 겨누며 긴장과 냉전 속에 전운의 싹이 움트고 있는 것이 현실이다.

지금도 남방 한계선 넘어 곳곳에 전쟁의 흔적을 볼 수 있다. 전쟁은 민족성과 고유문화를 파괴하였고, 이산가족은 혈육을 상봉하지 못한 채 한 많은 세상을 등지고 있다. 실향민은 전쟁이 종식되면 곧 고향으로 귀향할 것만 같았다. 그러나 60년이란 세월이 지났어도 고향을 눈앞에 두고도 가지 못하는 실향민은 올해도 임진강 망배단에 제수를 준비하고 있다.

6·25 동란은 인간의 생명을 빼앗아 갔고 산천은 잿더미로 변했다. 오늘도 남과 북은 극렬한 대치 상태에서 심리전을 전개하는 것이 작금의 형태다.

철마는 동두천을 지나 38도선 표지판이 있는 한탄강 유원지인 베이비스교를 건너면 전곡역에 도착한다. 전곡은 조그마한 읍소재지지만 언제나 군인과 군용차량 만이 빈번하게 왕래하는 군사도시다. 전곡은 교통의 요충지로 군인 도시답게 장병을 위로하는 대대 CP란 곳이 있다. 군인 극장과 얼마 떨어지지 않은 곳에 화장을 짙게 한 어여쁜 아가씨들이 집단 부락을 이루고 있다. 그래서 이곳을 군 장병들은 대대 본부라고 호칭하고 있다. 최전방에서 외박 나온 군인들이 단골손님이다. 이곳 홍등가는 전곡읍 소재지 중심부에 있다.

밤이면 내온 불빛이 異國의 정취를 느끼듯 젊디젊은 아가씨가 손님을 받기 위해 몸단장한다. 홍등가의 핑크빛 네온사인은 혈기 왕성한 젊은 피를 유혹할 만큼 강렬한 체취를 갖추고 있다. 아가씨 중 일부는 장병들과 결혼을 전제로 동거 생활을 하는 아가씨도 있었다.

제대를 앞둔 장병 중에는 동거녀의 유혹에 빠져 장기 복무를 지원한 병사도 있었다. 병영 생활에 염증과 입대 동기생이 전역 발령을 받으면 함께 귀향하지 못하는 장병은 동거녀와 갈등이 心火 된다. 동거녀의 유혹과 아리따운 사랑에 빠져 장기 복무를 지원했던 장병 다 함께 제대할 수 없음을 비관하고 자살하는 병사도 있었다.

전곡은 군인들만의 낭만과 추억이 깃들어 있고 애환도 많은 곳이다. 내가 어릴 때 겨울철이 되면 임진강 나루터에 얼음이 꽁꽁 얼면 팽이 치던 어린 시절은 추억 속에 만 남아 있다.

지금의 중부 전선은 강줄기 하나를 두고 남과 북이 긴장 속에 군비를 확충하고 대치한 형국이 우리 민족의 현주소가 아니던가. 철마는 전곡역에 잠시 멈추었다가 임진강 상류인 한탄강 줄기를 따라 북상한다. 연천을 지나 대광리역을 지나면 주변 일대는 전쟁의 잔해들을 흔히 볼 수 있다.

철마는 북녘을 향해 북으로 달리고 싶어도 신탄진역에 도착하면 철마의 중단점 앞에 철조망이 앞을 가로막는다. 장단역에는 녹슨 철마가 6·25의 참상을 증언하듯 멈추어 있다. 휴전이 임박할 무렵 철의 삼각지로 유명한 철원, 평강, 금화 지역의 전투는 6·25 전사에 너무나 생생한 기록을 남기고 있다. 철원 북쪽에 제2 땅굴이 눈앞에 보인다.

중부 전선은 그만큼 군사적 요충지로 각종 중무기와 기갑 부대가 배치되어 있다. 전방 사단의 화력을 지원할 군단포사령부가 전곡에 있다.

휴전선을 지키는 최전방 보병사단을 지원할 큰 대포가 험준한 산골짝마다 포진지를 구축하고 북녘땅을 향해 곡사포를 방열하고 있는 군사적 요충지가 중부 전선이다.

철마는 오늘도 칙 칙! 푹 푹! 기적을 울리며 북으로 북으로 달리고 싶어 한다. (2010년 한국경찰문학)

대못

고정 관념이다. 깊이 박힌 대못은 빠지지도 않고 뺄 수도 없는 못인지 모른다. 잃어버린 10년 동안 좌파 정권에서 심어 둔 대못은 가시처럼 깊게 박아 둔 모양이다.

남북 간에 이데올로기 갈등 속에 민주화니 진보니 허울뿐인 개혁을 주장한 좌익 무리들은 국론을 분열시키고 동서 간의 갈등을 부추겼다. 총선과 대선을 겨냥해 표를 모으기 위해 포퓰리즘으로 국민의 가슴에 아픈 상처만 남겨 주었다. 남과 북이 긴장과 냉전 상태에 국권을 수호하고 국가를 보위하기 위해 한 나라의 중추 기능을 마비시키는 참담한 일마저 벌어졌다. 대공정보기관에 종사하는 국민의 공복을 종북, 친북, 용공 세력의 활동을 넓혀 주기 위해 장래가 촉망되는 기관 요원을 무차별 학살했다. 국가의 척추 기능을 마비시키고 국가 보위를 위해 대공 전선에서 사투하는 요원을 아무런 명분과 이유도 없이 공직사회에서 퇴출시킨 과오를 좌파 정권은 서슴없이 자행했다. 그로 인한 우리 사회 구석구석에 용공 불순 세력이 자유롭게 활동할 수 있는 영역을 만들어 주었고 지역사회에 토착했다.

좌파 정권은 미모의 여간첩 원정화를 군부대에 강사로 초빙하여 반공정신을 와해시키며 장병들의 국가관 정립에 혼선을 주었다. 위관급 장교는 여간첩의 미색에 빠져 군사기밀을 누설하는 사례마저 범하고 말았다.

최근에 검거된 여간첩 이경애(46세)는 개성에서 출생하여 1993년 김일성 대학 경제학부를 졸업하고 1998년 북한 대남 공작요원으로 발탁되었다. 그녀는 초대소에서 3년간 밀봉 공작 교육을 받고 2001년 중국 선양에 파견되었다. 한국 유학생을 포섭하기 위해 민박집을 운영했다. 2007년에 중좌(중령)로 진급한 여간첩이 국내에서 암약하다가 2012년 6월에 검거되었다. 또한 탈북을 위장한 김미화 여간첩도 검거된 바 있다.

좌파 정권은 국내와 국외 정보를 총괄하고 국가 보위를 위해 적법한 정보활동과 국가 전복 세력을 색출 검거하는 국가 안전기획부의 수장을 명분도 없이 경질시키기도 했다. 그뿐만 아니라 KAL기 폭파 사건을 허위로 조작하기 위해 김현희를 국외로 추방하려 공작하다가 실패하자 극비에 속하는 김현희의 주거지를 언론에 노출해 생명에 위협을 가하는 만행이 김현희의 폭로로 세상에 널리 알려지기도 하였다.

잃어버린 10년 동안 좌파 정권에서는 국정 교과서를 편협하여 미래의 주인이 될 어린 학생들에게 진보적인 모호한 사상을 쇠뇌 코자 하였다.

지난 19대 국회 개원이 늦어진 것도 국회 법사위원장 자리를 놓고 여야 간에 기(氣) 싸움을 했다. 다수당에서는 좌파 정권에서 심어 둔 법령을 고쳐 보려는 사고가 배후에 깔려 있었고, 소수당에서는 한나라당이 야당일 때 법사위원장 자리를 차지하지 않았냐고 하는 것을 볼 때 그 배후에는 제반 법률 상정에 따른 보수적이고 공안정국을 차단하려는 정략적인 속셈이 있는 듯했다.

　여야 간에 시각차로 인하여 고통은 고스란히 서민층에 집중되었다. 정쟁으로 인한 사회적 불안은 일자리 창출을 더 어렵게 하고 있다. 세계적인 경제 불황 속에 우리라고 예외는 아닌 듯하다. 봉급생활자는 자녀들의 성장에 따른 주거 공간을 넓히고자 새로운 보금자리를 위해 대출금을 받았다. 새집으로 이사하고 싶지만, 기존 주택 정리가 되지 않아 고통받는 서민층의 증가 추세다. 심지어 대출금의 상환이 되지 않아 경매에 넘어가는 깡통 아파트가 늘어가는 현실을 부인할 수 없는 실정이다. 모든 근원은 인간의 욕심이다. 욕심은 항상 재앙을 동반하고 있다.

　입법기관의 정쟁은 의원들의 욕심이 문제다. 인간의 욕심은 끝이 없는지 모른다. 지금 동남아시아 지역에는 영토 분쟁이 심각하다. 미래의 자원 확보를 위해 생존 경쟁이 치열하다. 남의 땅 깊숙한 곳에 자국의 국기를 꼽기 위한 영토 분쟁이 심상치 않다. 분쟁의 불씨는 언젠가 충돌을 예고하는 듯했다.

　사람이 살아가는 지구상에 남의 영토에 자국의 국기를 대못처럼 깊게 꼽고 내 나라 영토라고 우기는 것은 생각만 하여도 어처구니없는 노릇이다.

　나라를 경영하는 지도자는 윤리적 사고와 도덕성을 갖춘 청렴을 덕목으로 삼는다면 올바르고 명랑 사회로 가는 길목이 아닐까 싶다.
(2012년 한국경찰문학)

잔인한 6월

전쟁은 인간의 존엄성마저 말살시켰다.

6·25동란은 수백만 명의 인명 손실을 가져왔다. 동족 간에 살벌했던 전란은 일천만의 이산가족을 양산하였고, 국토는 폐허가 되었다. 60여 년의 세월이 되었지만, 전쟁의 상처는 아물지 않고 있는 듯하다. 비록 정전 협정으로 휴전은 되었다고 하지만 전운은 끝나지 않은 듯했다. 단군의 자손으로 피를 나눈 형제끼리 남북으로 갈라져 총부리를 겨누는 참상은 비극이 아닐 수 없었다. 이념적 갈등과 정치적 상황으로 긴장이 고조되는 형국이 현 시국이다.

국민의 정부는 남북 간에 긴장 완화를 위한 완충지대를 만들었다. 공생 공존을 위한 개성공단 건설이다. 북녘 동포의 생활을 향상하고, 북한 사회 삶의 질 향상을 위한 인도적인 정책의 배려이기도 하였다. 개성에 주둔했든 군사기지를 송학산 북쪽으로 이주시키고 광

활한 불모지에 공단을 조성했다.

남한의 자본력과 북측의 노동력을 결합한 산업 공단이다. 진보성향의 정권은 지난 10년 동안 북측에 많은 특혜를 베풀어 준 바 있었다. 개성공단은 전쟁 억제력을 위한 긴장 완화와 남북한 상호 협력 방안이기도 했었다. 그러나 북한 집단은 인도적인 배려를 악용하였다. 공단 근로자의 임금을 착취하여 군사력 강화를 위한 군수산업 확충과 미사일, 대포 등으로 남북 간 긴장 분위기를 조성했다. 하물며 3차례나 핵 실험을 하였고, 세계를 상대로 전쟁도 불사한다는 오만불손한 언동으로 벼랑 끝 전술을 구사하고 있다. 이제는 핵탄두를 소형화하여 미국을 상대로 긴장을 고조시키며, 한반도에 공포 분위기를 조성하는 것이 작금의 현실인 듯싶다.

한편 내부적으로 체제 강화를 위한 분위기를 다지며 대한민국을 압박하는 사이버 테러 등 전술을 구사하고 있다. 국외 주재 외교 채널을 통한 위폐와 마약을 보급하였고, 금강산 관광이나 개성공단의 수익을 통치 자금 조성과 핵 개발에 주력한 바 있었다. 지금은 핵탄두 소형화를 위한 음모가 암암리에 진행 중인 듯싶다.

세계 제2차 대전은 일본이 패망하자 한반도는 북위 38도 선을 경계선으로 남쪽은 미군정이 통치하였고, 북측은 소련군이 주둔했었다. 스탈린은 소련군 대위 출신 김일성을 통치 수단으로 활용했었다.

그로 인한 남과 북은 갈등이 더욱 심화되었고, 신탁, 반탁 통치 등으로 이데올로기 갈등이 지속하였다. 김일성은 평양에 주둔한 스탈린에게 남반부를 무력으로 적화 통일하겠다고 천명했다. 그러나 번번이 실패하였다. 스탈린이 모스크바로 돌아간 후 몇 차례 모스크바를 방문했다. 김일성은 스탈린 설득에 성공했었다. 남반부를 적화 통일하겠다는 김일성의 요청을 수락하고 말았다. 당시 제국주의 러

시아도 남진 정책의 하나로 얼지 않은 항구가 필요했던 시기였다.

 김일성은 전쟁에 필요한 군수 물자와 군 장비를 지원받았다. 전쟁 준비가 완료되자 1950년 6월 25일 새벽 4시를 기하여 38선 전역에서 일제히 기습 남침을 자행하였다. 국군 장병은 외출, 외박, 휴가를 떠났고, 서울 운동장에는 축구 경기가 있었다.
 평소 남과 북은 38선을 경계로 우발적인 충돌이 잦았었다. 자유당 정부는 전면전이 아닌 부분적인 도발로만 생각하고 대수롭지 않게 간주했었다. 전방의 적전 상황을 제대로 분석 판단하지 못한 누를 범 했었다.
 김일성은 소련제 T34 탱크를 앞세워 거침없이 남하했다. 국군은 탱크를 파괴할 무기조차 없었다. 남침 3일 만에 수도 서울이 함락되었다. 서울은 인민군 치하에 들어갔다. 전황을 정확히 분석하지 못한 상황(狀況)에 한강 인도교 폭파로 수많은 피난민이 수중 물귀신이 되었고, 시민은 공포와 불안 속에 고립되었다.
 자유당 정부는 수도를 대전으로 이주했음에도 불구하고 서울 시민에게 사전 녹음된 라디오 방송만 반복하며 안심하라고 거듭 전파했었다. 그로 말미암은 피난을 가지 못한 많은 인사가 납북되는 비극이 속출되고 말았다. 철삿줄에 손발이 묶여 미아리 고개를 넘어간 인사들은 중노동과 학대와 굶주림에 몸부림치다가 한 많은 세상을 등진 비극이 계속되었다.

 한·미 연합군은 금강에 교두보를 설치했다. 미 지상군이 최초로 투입된 스미스 부대가 금강 방어 작전에 투입하였다가 대패하고 말았다. 정부는 금강 방어선이 무너지자, 수도를 대전에서 대구로 이동하였다.

김일성은 1950년 8월 15일까지 남반부를 통일하겠다는 결의를 다지고 총공세로 남으로 진격했었다. 연합군은 낙동강 전선에 최후의 교두보를 설치했다. 대구를 사수하기 위한 방어 전선이었다. 괴뢰 인민군 사령관 김책은 낙동강을 따라 정예군 4개 사단을 포진시켰다. 대구를 함락시키기 위한 공세는 연일 계속되었다. 대구가 인민군 수중에 들어가면 부산마저 위태로워질 지경이었다. 대한민국의 운명은 풍전등화와 같은 현실이 다가오고 있었다. 정부는 또다시 수도를 부산으로 옮겼다.

내무부 장관으로 부임한 조병욱 박사는 수도를 부산으로 옮기더라도 대구를 사수해야겠다는 결의를 다졌다.

육군 제1보병 사단장 백선엽 대령은 적 정예군 3개 사단(1, 13, 15사단)과 낙동강을 사이에 두고 공방전은 밤낮없이 계속되었다. 낙동강 방어선이 무너지면 대구 함락은 촌각을 다투는 문제였다.

한·미 연합 사령관 워커 장군은 군, 경찰, 학도 의용군 등 군관민이 합동하여 낙동강 교두보 사수를 위한 항전은 피의 능선을 이루었고, 강물을 붉게 물들였다.

세계 전사에도 유래를 찾을 수 없을 만큼 치열한 전투였다. 1950년 8월 3일부터 9월 중순까지 이어진 혈투가 계속되었다. 특히 다부동 전투 지구는 군사 전략상 가장 중요한 요충지였다. 밤과 낮을 가리지 않고 고지를 빼앗기고 탈환하는 전투가 지속하였다. 전사자의 시체가 구릉을 이루었고, 계곡물은 핏물로 가득했다.

당시 국군 용사가 부른 군가가 생각난다.

<전우야 잘 자라>

전우의 시체를 넘고 넘어 앞으로 앞으로

낙동강아 잘 있거라 우리는 전진한다
원한이야 피에 맺힌 적군을 무찌르고서
꽃잎처럼 떨어져 간 전우야 잘 자라.

　제공권을 장악한 연합군은 낙동강 줄기를 따라 융단 폭격으로 적진지를 괴멸시킨 덕분에 대구 시민은 피난길을 멈추었다. 낙동강 교두보 사수로 월미도의 등대가 밝혀지며 인천 상륙 작전 성공으로 수도 서울이 수복되었다.
　지금 다부동에는 6·25 전란의 참상을 후세에 널리 알리기 위한 전적비 기념관이 있다. 나라를 지키다가 산화한 군경의 위령탑이 참혹했던 아픈 역사를 말해 주듯 갖은 풍상을 겪으며 묵묵히 서 있다.
　조국 대한민국을 지키다가 전사한 호국 장병의 영혼을 달래기 위한 유골 발굴 작업은 지금도 계속하고 있는 듯하다.
　잔인한 6월은 호국 영혼의 달이며, 현충일이다. 건국, 구국, 호국을 위해 순국하신 선인(先人)에게 추모의 글을 바친다. (2013년 한국경찰문학)

모포 부대(毛布 部隊)

　전후 한국인의 생활은 비참했다.
　전쟁으로 폐허가 된 도시와 농촌은 참혹했었다. 미국 정부가 주는 남은 농산물인 밀가루나 옥수수 우유 등을 얻어먹으며 생계를 유지하였고, 춘궁기에는 초근목피로 삶을 이어가는 처지였다.
　60년대만 하더라도 미군이 주둔하는 지역마다 철조망을 사이에 두고 모포 부대가 생기기 시작했다. 차마 죽지 못해 살기 위한 몸부림으로 철조망을 맴도는 여인들을 볼 수 있었다. 그들은 도시 빈민촌이나 농촌에서 가출한 무지한 여인네들이다. 배우지 못한 탓에 배고픔을 참지 못해 갈 곳이라고는 마땅한 일터가 없었다. 돈벌이가 가장 쉬운 수단으로 모포 한 장으로 미군 부대 철조망을 기웃거리는 여성이 늘어만 갔다.
　정전협정 후 국내에 주둔한 미군은 7만 명이 넘었다. 한국에 파병된 미군은 대다수가 10대 후반이 아니면 20대 초반의 건장한 군인이었다. 이들은 주말이 되면 일본 오키나와를 찾아갔다. 일본 여성들의 위로를 받으며 위락과 관능을 즐기며 미화를 뿌리고 귀대하는 것이 비일비재했었다.

당시 한국 경제는 침울했고 나라 안에는 돈이 없었다. 그 무렵 1군 부사령관 L 장군의 요청으로 미군을 상대로 매춘을 관광 상품화하여 외화 획득을 하겠다는 치욕스러운 일이 현실화되었다.

정부에서는 경제개발을 하고 싶어도 돈이 없었다. 차관을 얻기 위해 구글 외교전을 하였지만, 개발도상국에 차관을 주겠다는 국가는 없었다. 다행히 생존을 위해 독일로 간 간호사외 광부를 담보로 독일 정부로부터 차관을 들어올 수 있었다. 한편으로 월남전에 한국군을 파병했다. 생사를 초월하며 머나먼 이국땅 정글에서 월맹군과 치열한 전투를 하고 있을 때 닉슨 미 대통령은 미군 7사단을 철군하겠다고 한국 정부에 통보했었다. 남과 북이 냉전 시대 미군 2만 명을 철수하겠다고 하니 한국 정부는 난감했다. 닉슨은 한·미 방위 조약을 체결하고 닉슨 독트린을 선포하였다.

미군 철군의 배경에는 주둔 병사 가운데 10명 중 7명이 한국 여성과 섹스를 즐긴 후 성병이 만연되었다고 한다. 미국 정부에서도 골칫거리로 사회적 문제로 부상됨에 한국에서 미군을 철수해야 한다는 것이 여론화되었다. 불결한 환경에서 성병이 전염병처럼 퍼지자, 철군의 빌미를 제공하였다고 한다. 그 시절 우리나라의 연간 예산이 6,000억일 때 전국의 기지촌 정화 사업에 투자한 금액이 11억 5,000만 원이나 되었다. 환경을 개선하고 성병 진료소를 설치하고 매춘부를 위한 페리씨링과 콘돔 배급으로 섹스 관광을 양성화시켰다. 그로 인한 동두천과 의정부 등 기지촌마다 미 병사와 동거하는 새로운 풍속(風俗)도가 그려졌다. 미군이 돌아간 기지촌에는 혼혈아를 쉽게 볼 수 있었다. 새파란 눈동자의 아이들은 천대와 멸시로 외로운 삶을 이어갔다. 훗날 그들은 홀트 아동복지회를 통해 해외로 입양 가는 혼혈아가 무리를 이루었다.

미군을 상대로 매춘하는 여성을 양 깔보니 양공주로 헐뜯었다. 검진을 받은 매춘부 가슴 부위에 검진받았다는 표식을 부착하도록 하였다. 검진 꼬리표가 없는 매춘부는 단속의 대상이 될 뿐 아니라 매매춘을 하지 못하도록 하였다. 기지촌 안에서는 양공주를 대상으로 교양 강좌(영어 공부)와 성병 예방 교육과 치료를 병행하며 정화했다.

한때나마 기지촌을 양성화시킨 후 매춘에 종사한 한국 여성이 30만 명이나 되었던 시절이 우리의 슬픈 과거사가 아닌가 싶다.

폐허가 된 도농 간의 우리네 삶도 처참했다. 몇 푼의 돈을 벌기 위해 몸을 던진 여인들을 생각만 하여도 침울한 시대였다. 그녀들이 벌어 드리는 외화가 연간 150만 불이나 되었다고 한다. 외화 획득을 위해 몸을 파는 양공주를 한시적이나마 그들을 애국자라 지칭하기도 했었다.

세계 2차 대전에 패배한 일본도 섹스 산업과 한국 전쟁으로 인한 경제 부흥에 크게 이바지한 바 있었다. 비록 양공주의 몸값은 하루살이 같은 파리 목숨 같았지만, 경제개발에 이바지한 바 있었다. 또한, 미군으로 인한 기지촌의 피해는 막심했다. 파렴치한 행위로 하룻밤 지나고 나면 시신으로 돌아간 양공주의 삶은 처절한 절규의 아우성이었다. 그야말로 기지촌은 미군들의 무법천지였다.

기지촌이 생긴 지 20년이란 세월이 지난 뒤 양공주도 집단화되어 미군 범죄 행위에 대한 저항 의식이 폭발하였다.

정부에서도 미군에 대한 범법 행위를 처벌하기 위한 한·미간에 범죄인도 조약이 체결되고 발효된 후 검거와 수사로 한국 법정에 세울 수 있는 계기가 마련되었다.

오십 수년이 지난 지금 혼혈아로 해외로 입양 간 아이들이 장년이 되어 뿌리를 찾기 위해 모국을 방문하고 있다.

이 모든 것이 우리 근대사의 한 단면이라 생각하니 수치스럽고 뼈아픈 역사는 되풀이되어서는 안 될 것 같다. (2016년 영남문학 여름호)

계유정난과 사육신 박팽년

 문종 재위 2년 3개월 만에 국왕은 39세로 사망하자, 적장자 왕위 계승에 따라 문종의 장자 단종은 12세의 어린 나이로 왕위에 즉위하였다. 어린 임금이 즉위하면 서열이 가장 높은 대비가 수렴청정하는 것이 관례였으나 당시 대왕대비는 없었다. 단종의 모후 현덕왕후 권씨가 단종을 낳은 다음 산욕열로 죽고 없었다.

 정치적 권력은 문종의 유명을 받은 고명대신 황보인, 김종서 등이 권력을 잡고 있었다.
 세종과 소헌왕후 슬하에 문종 외 여섯 대군이 있었다. 왕권은 약하고 신권은 강했다. 여섯 대군은 왕권에 큰 위험이 되었다. 둘째인 수양대군과 셋째 안평대군은 서로가 세력 경쟁을 하고 있었다. 수양대군은 정치적 야심을 가지고 주위에, 문무에 뛰어난 문객을 많이 모았다. 안평대군은 정치적 관심보다 문학예술을 좋아해 이 방면의 동호인을 끌어들였다. 수양대군은 김종서 등이 안평대군과 정치적 연결에 대한 경계심을 갖게 되었다. 황보인과 김종서는 고명대신으로서 어린 단종을 위해 충성을 다해 보필하려고 했을 뿐, 야심을 품고 붕당을 조성하지는 않았다. 다만 대신들의 합의체인 의정부가 국왕을 보필하고 정사를 협의하는 최고 정무 기관으로서 본래 임무를 넘어섰던 것은 사실이었다.

수양대군이 거사를 계획한 시기는 단종 즉위 후 2개월이 지난 1452년 7월경으로 추정되며, 이 무렵 권람이 수양대군을 방문 정계의 움직임에 대한 소상히 진심을 털어놓았다. 이때부터 수양대군은 대권에 야심을 품고 권람, 홍윤성, 한명회 등을 심복으로 삼았다.

수양대군의 거사 계획은 명나라에서 고명 사은사로 돌아온 후 1453년 4월부터 급진전했다. 신숙주를 끌어들이는 한편, 홍달손, 양정 등의 심복 무사를 양성해 거사 준비를 진행하였다. 그해 10월 10일 밤, 유숙, 양정, 어을운(於乙云) 등을 데리고 김종서를 찾아가 간계를 써서 철퇴로 김종서를 쓰러뜨리고, 황보인, 조국관, 이양 등 여러 대신을 왕명으로 밀소하여 궁문에서 퇴살 하였다. 수단과 방법을 가리지 않고 정적을 숙청한 수양대군은 정권과 병권을 독차지했었다. 거사에 직간접으로 공을 세운 성삼문, 정인지, 박팽년, 권람, 한명회, 양정 등 43인을 정난공신으로 책봉했다.

수양대군은 후환을 없애기 위해 김종서와 뜻을 같이하는 이징옥을 파면했었다. 이에 불만을 품고 1453년에 일어난 이징옥의 난을 진압함으로써 중앙과 지방의 적대 세력을 제거하는 데 성공하였다.

수양대군은 1454년 한명회, 권람 등 폐덕한 무리의 강요로 단종은 삼촌 수양대군에게 선위하고 14세에 상왕이 되었다. 세조는 즉위할 수 있는 기반을 다졌던 사건이 계유정난이었다.

세조의 집권은 집현전 출신 유학자들의 생각과 다른 방향으로 진행되었고. 세조 2년(1456년) 6월 2일 성균사예 김질과 장인 우찬성 정창손이 성삼문의 불 궤를 고하고, 6월 6일 세조는 집현전을 파하고 경연을 정지하였으며, 소장하던 책을 예문관으로 옮기게 하였다. 왕의 전제권을 강화하기 위해 의정부 서사 제도를 폐지하고 육조 직계제를 시행했다. 이는 의정부의 권한 약화와 왕권 강화를 위하여 국왕이 중심이 되는 정치 운영을 지향한 결과였다. 집현전 출신 유신들은 즉시 반발하였다.

일부 유신들은 1456년 단종(16세)이 상왕으로 있을 때, 세조를 몰아내고 폐위된 단종을 복위시키려는 계획을 도모하게 되었는데, 이것이 사육신의 단종 복위 계획이었다. 단종 복위의 명분은 세조의 불의와 찬탈에 대한 것이지만, 실질적으로는 이 같은 정치 운명론을 둘러싼 신권과 국왕권의 대립이었다. 집현전의 유학자가 참여한 이 계획은 성삼문, 박팽년, 이개, 하위지, 유성원, 유응부를 중심으로 단종 복위 계획이었다.

1456년 6월 창덕궁에서 명의 사신을 맞이하는 자리를 이용하여 세조를 살해할 계획이었으나 한명회의 주장으로 연회 절차에 변동이 생겨 거사가 이루어지지 못했다. 단종 복위에 참여한 김질이 불안을 느끼고, 장인인 정창손에게 알리고, 정창손은 세조에게 고변하였다. 세조는 이들을 잡아들였고 거사는 실패하였다.

주모자인 성삼문, 박팽년, 하위지, 이개, 유성원, 유응부 등 사육신의 사형 집행은 세조 2년(1456년) 6월 8일 옥사하거나 모두 처형당했다. 1457년 단종은 패 위 되어 노산군으로 강등당하고 영월로 유배를 보냈다. 세조가 금부도사 왕방연을 시켜 유배지 영월에 가서 사약을 주라고 명하고 단종은 사약을 먹고 사사(賜死) 당했다.

단종 복위를 계획한 이들을 사육신으로 명명한 것은 남효온이 지은 <추강집(秋江集)>에 나오는 <육신전(六臣傳)>에 의한 것이다.

조선왕조실록과 추강집의 기록이 달라 육신(六臣)에 대한 논란이 있었으나, 사육신의 구성은 변경되지 않았다. 조선왕조실록에는 성삼문, 박팽년, 이개, 하위지, 유성원, 유응부, 박중림, 권자신, 김문기, 성승, 박쟁, 송석동, 최득지, 최치지, 윤영손, 박기년, 박대년 등 17인이 반역을 꾀했으나, 주모자는 성삼문, 박팽년, 하위지, 이개, 유성원, 김문기 순으로 6인 만이 기록되어 있다. 김문기는 도진 무로서 박팽년과 모의할 때 군 동원의 책임을 졌다고 수록되어 있다. 이러한 자료에 따라 김문기를 현창顯彰하고 서울시 동작구에 있는 사육신묘에 김문기의 가묘 假墓가 설치되었다.

세조 2년(1456년 6월 8일) 사육신이 사형 집행을 당한 후 한 의사 義士가 시신을 수습하여 노량진 기슭에 묻었으며, 무덤 앞에 돌을 세우되 감히 이름은 쓰지 못하고 박씨 지묘, 성씨 지묘라는 글만 표석에 새겨졌다. 이 묘역은 1978년 사육신 공원으로 단장되었으며, 장릉(莊陵) 충신단(忠臣壇)에 배향되어 있다.

사육신 가운데 유일하게 후손이 유지된 분이 있었다. 박팽년(朴彭年)이시다. 그의 부친 박중림이 터를 잡고 살았던 회덕 현 왕대 벌(지금의 대전시 동구 가양동)에서 출생했다. 본관은 순천(順天), 자는 인수(仁叟), 호는 취금헌(醉琴軒), 시호는 충정공(忠正公)이다. 세종 14년(1432년) 사마시에 합격 생원이 되고, 1434년(세종 16년) 알성 문과에 을과로 급제하였고, 평소 가야금 타기를 좋아해 스스로 취금헌이라는 호를 지었다. 성삼문과 함께 세종의 총애를 받았다. 1455년 세조 즉위 1년 단종 복위를 도모하다가 발각되어 세조 2년(1456년) 6월 8일에 혹독한 고문을 받았고, 세조의 명을 받은 도승지 구치관이 박팽년을 회유하기 위해 마지막으로 옥중으로 갔으나 그 대답은 詩 한 수로 대신했다.
  당시 시 구절을 인용해 보면

　　金 生 麗 水라 한들 물마다 금이 나며
　　아름다운 물에서 금이 난다고 해서 물마다 금이 나으며
　　玉 出 崑 崗인들 뫼마다 옥이 나랴
　　곤강에 옥이 난다고 해서 산마다 옥이 낫겠는가
　　아무리 女 必 從 夫인들 임 마다 좇을 소냐.
　　아무리 사랑이 중요하다고 하들 임 마다(아무 임이나 다) 따르겠는가?

박팽년은 금생 여수란 詩를 얼고 고문 후유증으로 옥중에서 8일 만에 순절하였다.
　아버지 박중림, 동생 대년, 아들 3형제도 사형당했다. 그 후 1691년(숙종 17년) 신원 되었고, 1758년(영조 34년)에 지헌대부의 품계를 받아 이조판서로 증직된 분이 사육신의 한 사람인 박팽년이다.
　둘째 아들 박순의 아내 성주 이씨도 관비가 되어 친정 동네인 묘골(하빈면 묘리)로 내려갔다. 당시 부인이 임신 중이었는데 아들을 낳으면 죽임을 당하고 딸이면 관비로 삼게 되어 있었다. 해산하니 아들이었고, 그 무렵 딸을 낳은 여종이 있어서 아기를 바꾸어 키워 아이는 외할아버지 슬하에서 박비라는 이름으로 비밀리에 키워진 아이가 17세가 되었을 때 그의 이모부 이극균이 경상도 관찰사로 부임하여 처가에 들렸다가 성장한 박비를 보고 자수할 것을 권한다.
　이때 조정에서는 사육신들에 대해 옳은 일을 했다는 여론이 일고 있어서 임금을 찾아가 박팽년 선생의 자손임을 이실직고하였다. 성종은 크게 기뻐하면서 특사령을 내리는 동시에 이름도 박일산으로 고쳐 주었다. 달성군 하빈면 묘골이 충절의 고장으로 널리 알려지게 되었다. 후손이 없는 외가의 재산을 물려받아 종택을 짓고, 묘골에 정착했는데 이 사람이 바로 사육신의 여섯 가문 가운데 유일하게 대를 이은 박팽년의 손자 박일산이며 묘골 순천 박씨의 입향시조가 되었다.

　박팽년은 문장과 글씨에 뛰어났다. 저서로 "취금헌 천자문"이 있으며, 박팽년의 묘는 서울 동작구 노량진 1동 185-2 사육신 묘역에 있다. (2015년 대구 톺아보기)

*참고 문헌 : 육신 전, 조선왕조실록, 세조실록,

수술대의 군상(群像)

  작금의 우리 사회는 무더운 날씨처럼 뜨겁다. 처서가 지나면 더위도 한풀 꺾인다고 했는데 지구 온난화와 이상 기온으로 대지는 연방 지열을 내 품고 있다. 땅속 열기가 태양광과 융화되어 내 뿜는 열기처럼 청문회장도 무더운 날씨처럼 뜨겁다. 어찌 보면 청문회장이 8월의 불볕처럼 혹독하다. 명색이 국가 지도층에서 나라 살림을 맡을 사람이 국민의 신선한 4대 의무를 하지 않은 채 지도자가 되겠다고 청문회장에서 진땀 빼는 형색이 초라하기 짝이 없다.

  정말 우리 사회는 도덕적이고 청렴하며 정직한 사람이 이렇게도 귀하단 말인가. 한 나라의 정책을 입안하고 집행하며 백성을 편안하고 행복한 삶의 질을 향상하겠다는 지도층이라면 우선 국민의 모범이 되어야 한다. 그래야만 그들의 정책에 대한 국민의 믿음과 신뢰가 쌓일 것이 아니겠는가?

지금의 우리 현실은 국내외적으로 선진국에 준하는 예우를 받고 있다. 과거에 도움을 받던 처지에서 도움을 줄 수 있는 경제력이 국력을 한 단계 높이고 있으나 우리 정치는 그렇지 못해 안타깝다.

우리나라의 높은 교육열은 전 인류가 우리를 주목하고 있다. 국가의 기간산업이나 아이티 및 첨단 산업이 괄목할 만큼 발전되고 성장했다. 이른 시점에 나라 살림살이를 맡을 각료 후보자의 청문회장은 부끄럽기 짝이 없다. 환자가 수술대에서 의사의 집도를 기다리는 순간처럼 마음이 초조하고 불안하다. 긴장감이 교차하듯이 청문회장에 후보자는 수술실에 앉아 있는 환자처럼 긴장된 마음이 목을 마르게 하고 있다.

그래도 소신 있는 후보자는 정치적인 파상공세에 휘말리지 않겠다고 낮은 자세로 몸 사리는 모습이 가증스럽기도 했다.

사람은 누구나 자신이 살아 온 흔적이 깨끗했다면 구김살 없이 진솔한 답변이 질문자를 압도하는 모습을 국민은 원하고 있다. "털어서 먼지 안 나는 사람" 어디 있겠냐만, 그래도 후보자의 소신 있는 답변이 아쉽기도 했다.

나라의 국격을 높이는 것도 국민의 몫이다. 국가의 정책을 입안하고 국민을 섬기겠다는 후보자는 투철한 봉사 정신이 요구된다. 자신의 지난 삶에 흠집이 있다고 생각되면 어떤 자리라도 스스로 사양하는 선비 정신이 아쉽다.

청문회 질의자의 자질도 문제다. 국민을 대변하고 국록을 받은 의원들의 질의 내용이 저속하기 짝이 없다. 국민이 바라는 청문회는 후보자의 자질 검증도 중요했다. 그러나 국가 발전과 삶의 질을 향상키 위해 국위를 높이며 미래를 향한 지속적인 발전을 위한 정책 질의는 미약하였다.

오히려 개인의 인품에 훑은 짓을 내는 청문회장은 국민의 눈높이에 맞지 않은 질의가 가증스러워졌다.

어찌하든 우리 사회는 구조적으로 문제를 안고 있는지 모른다. 감성의 문제인지 아니면 인성의 문제인지 우리가 폐허의 더미에서 한강의 기적을 이룬 경제 발전과 민주 사회가 되었다면 개인의 인격을 침해하는 저질 청문회는 국민은 원치 않는다. 좀 더 건설적이고 미래 지향적이며 진취적 기상이 아쉬운 청문회장이 아쉬웠다. 하물며 사마귀도 우리 몸에 돋아난 반점이 필요치 않다고 판단되면 제거해 버리는 습성이 있는데 만물의 영장이라는 지도자가 되겠다면 엄격한 잣대가 필요했었다.

  우리 사회에 오염된 구석구석에 메스로 수술해야 할 것 같다. 공직자는 높은 도덕성과 윤리관이 요구되는 현실을 직시할 줄 알아야 할 것 같다. (2020년 대구의 수필 16호)

직업 공무원

　젊은이에게 매력 있는 직업은 신분이 보장되는 공무원을 선호한다. 젊음도 시대 상황에 따라 수명도 늘어날 수밖에 없다. 70년대는 경찰관의 정년은 50세였다. 젊은 세대는 노후가 보장되는 안정된 직업을 선호하고 있다. 그러하다 보니 공무원의 공개채용 시험에 지원자의 경쟁이 치열했다. 우선 시험에 합격하려면 2, 3년 동안 시험 준비를 해야 한다고 하였다. 응시자의 학력 수준도 대학 4년 재학 중이거나 졸업생들이 대다수다.
　70년 전만 하더라도 응시자의 90%가 고졸이고 10%는 전문대학 또는 대학 졸업생이었다. 옛날에 비하면 작금에는 응시자의 학력 수준이 많이 향상되었다. 직종에 따라 응시 방법도 달랐다. 특별 권력층에 속하는 국가공무원인 경찰 채용시험에는 일정한 조건이 있었다. 학과 시험에 응시하려면 우선 신체검사에 합격하여야 했었다. 연령, 신장, 체중 등의 조건이 부합되어야만 학과 시험에 응시할 자격이 부여되었다. 여타 공무원 시험과 다른 점은 1차로 신검에 합격하여야만 필기시험에 응시할 자격이 주어졌다. 경찰관은 신체와 정신건강이 강건해야만 범인 체포나 범죄예방에 기여할 수 있었기 때문이다.

　70년대는 민주화를 위한 소요 사태가 심각했다. 좌파 성향의 문제 종교인이 술렁거리면 대학가에 학생 운동의 소요가 시작되었다. 더욱이 남과 북이 대치 상황에서 북괴 대남 연락부에서는 일본 조총련을 통해 우회 침투 간첩을 학원에 많이 침투시켰다. 학생 소요 사태를 유발하여 대한민국을 전복하기 위해 대학생을 전략 전술의 도구로 이용했다. 그 당시는 지금처럼 경찰업무를 보조하는 전 의경도 없었다. 다중 범죄 진압을 위해 직업 경찰관만으로 구성된 중대 단위의 진압 부대나 기동대가 있을 뿐이었다. 그러고 보니 신체가 건강하지 않으면 경찰관 채용시험에 응시할 수 없었다.

　중앙경찰학교나 지방경찰 학교에서는 경찰관 채용을 위해 1년에 한 차례 채용시험을 실시했다. 1970년 6월 경북 경찰학교에서도 신임 경찰관을 채용한다는 공고가 있었다. 응시자 가운데 유도나 검도 유단자를 특별 전형도 있었다. 무술 유단자에게는 특전도 많았다. 매년 10월 21일 경찰의 날을 기념하기 위해 중앙에서 시·도 대항 무술 대회를 실시했다. 각 경찰국에서는 특별 채용된 무술 유단자를 시(市), 도(道) 대표로 대회에 출전시켰다. 전국 대회에서 우승한 경찰관에게는 특진의 영광도 주어졌다. 대회가 끝나면 이들은 형사과의 강력계나 폭력부서에 배치했다. 나의 동기생 가운데 7명의 유도 유단자가 특채된 바 있었다. 그들은 교육과 집체 훈련이 끝나면 지방에 배치하지 않고 치안 수요가 많은 대도시 경찰서에 집중적으로 배치하는 특혜를 주었다.

　신임 교육 중 내무생활이나 절도 있는 자세 예절에 벗어난 행위에 감점 조치하였다. 교육생의 작업모 뒤쪽에 소대 단위의 일련번호가 있었다. 나는 3소대 67번이었다. 일 주간의 교육이 끝나면 토요일 내무 검열을 받은 후 외출 외박을 실시했다. 일요일 점호 전 귀교 시간이 늦어지는 교육생은 당연히 감점 조치를 받았다. 학과 성적이 아무리 우수해도 내무 성적이 좋지 못하면 좋은 성적을 낼 수 없었다. 준 경찰인 교육생은 대구 시민운동장에서 다중 범죄 진압 훈련을 받았다. 방석 복을 입고 방석모를 쓴 교육생의 한 손에는 방패를 든 중대 단위의 훈련은 고통스러운 고도의 집체 교육이었다.

때는 무더운 여름철이었다. 태양이 이글거리는 한낮의 불볕더위도 아랑곳하지 않고 이순신 장군처럼 복장을 갖춘 교육생은 교관의 수신호에 따라 일사불란하게 움직였다. 오른손에 경찰봉을 잡고 진압 대형을 중대 단위로 대형을 유지하며 다중 범죄 진압 훈련을 혹독하게 받았다. 6주간의 교육 훈련이 끝나면 바로 임용하는 것이 아니고 치안 수요에 대비하여 국가가 필요시에 임용했다.

교육은 엄정했다. 교관의 명령에 절대복종하는 상명하복의 위계질서가 엄격하였다. 경북 경찰 21기 동기생 중 근태 성적이나 경찰관의 품위 손상을 실추시킨 행위가 적발되어 4명의 동기생이 졸업하지 못하고 퇴교당하고 말았다.

내가 경찰에 응시할 때 가장 염려스러운 일이 한 가지 있었다. 다름 아닌 체중이었다. 몸무게가 55kg이 될락 말락 한 체중이 불안한 마음이 나를 초조하게 만들었다. 신체 검사장에서 순서를 기다리는 순간 응시생 중에는 부족한 체중을 보충하기 위해 팬티 속에 주머니를 만들어 그 속에 쇠붙이를 넣었다가 감독관에게 적발되어 응시 자격을 박탈당하는 일도 있었다. 초조와 긴장 속에 나도 화장실에 갔다 온 탓으로 체중이 미달할 거 싶어 염려되어 수돗물로 몸무게를 채운 바 있었다. 수도꼭지에 입을 대고 수돗물을 꿀꺽꿀꺽 배가 부르도록 마셨다. 약간 미달 정도는 물을 많이 마시면 된다는 응시생들의 이야기가 불현듯 생각이 났다. 나는 조금 부족한 체중을 늘리기 위해 수돗물로 배를 채워 신체검사를 턱걸이한 기억이 아직도 생생하다.

경찰에 입문한 지 10년이 지났다. 제5공화국 정부에서는 과감하게 야간 통행금지와 연좌제를 폐지하였다. 당시 우수한 인력이 연좌제로 인하여 권력기관이나 중요 공직사회에 응시할 수 없었다.

　자유 민주 국가에 헌법상 평등의 자유와 표현의 자유가 보장된 민주 사회에 연좌제로 인한 공무원에 응시할 수 없는 것은 국가적으로 손실이 아닐 수 없었다. 연좌제가 폐지된 후 우수한 인력이 공무원으로 임용됨으로 공직사회도 다변화되었다. 민주화를 가장한 노조가 생기고 국가 정책에 역행하는 무리가 사회적 물의로 추태를 받기도 했다.

　대한민국의 직업 공무원은 좌·우익 대립 속에 국토방위와 산업화에 기여한 공로가 있었다. 근세에는 예술인들의 한류 문화가 세계인의 이목을 집중시키고 있다. 그뿐만 아니라 한국어가 세계 공통어로 선정된 것도 정부 부처에 근무 중인 전문 지식을 가진 직업 공무원들 노력의 결실이 아닐까 여긴다. (2022년 문장 여름호)

무심한 세월

세월이란 눈에 보이지도 않고 냄새도 맡을 수 없는 것이 세월이 아닌가 싶다.
무심한 세월은 생명체도 아니면서도 어딘지 모르게 흘러가고 있는 듯하다. 항간에 세월 이기는 장사 없고 술 이기는 장사도 없다고 했다. 건강한 사람이 밤사이 자는 잠에 안녕하기도 한다. 무정한 세월에 저승사자가 마중하러 오는지도 알 수 없다.
누구나 고령화되면 어제가 오늘 같고 내일이 오늘 같은 착시 현상을 느낄 때가 있다. 어제 할 일을 내일로 미루다 보면 인간의 신체 기능도 저하될 뿐 아니라 몸의 기능이 자연스럽지 못함을 느끼면 외롭고 고독해진다.
지나간 세월은 돌이킬 수 없는 것처럼 어제의 일을 오늘로 미루는 것이 습관화되면 삶에 대한 의욕이 절감될까 싶기도 하다. 세상에서 가장 쉬운 일은 세월이 가면 저절로 나이를 먹는 것이 쉬운 일이겠지만, 가장 어려운 일은 자신을 스스로 관리 한다는 것이 어려운 일이 아닐까 싶다. 젊은 나이에 뇌졸중이나 사고로 인한 불구가 되는 것도 평소 자기 관리와 관련성이 있지 않나 싶다. 사생활이 건전하고 지혜로운 사람은 병마에 시달리지 않고 평탄한 생활도 자아와 결부되지 않나 싶다. 어제 있었던 일을 뒤돌아보며 명상의 시간이 주어진다면 그 삶 또한 평온하지 않을까 여긴다.

사람은 망각의 세월 속에 살고 있는지 모른다. 괴롭고 슬픈 일은 잊어버리고 싶은 욕망이 가득하다. 그러나 좋은 추억거리는 또다시 회상해 보기도 한다. 왜 그럴까? 인간이기 때문에, 나이 들고 늙으면 추억을 음미하며 산다는 말도 있듯이 자기만의 소중한 추억담을 잊어버리지 않기 위해서 그럴까?

인류에는 다양한 민족이 살고 있다. 피부색이나 문화와 언어가 다른 종족이 촌락을 이루며 삶을 이어가고 있다. 바다와 산맥과 강이 국경선을 이루며 삶의 터전으로 도시가 형성됨을 본다. 서로 이념과 체제가 다른 민족이 새로운 지구촌을 이루기 위해 분주하다. 국가마다 문화와 신봉하는 종교가 다르고, 이념과 이데올로기로 인한 분쟁도 발생하고 있다. 국경선을 넘어 침범하거나 타국의 영토를 점령하여 자국의 국기를 세우고 식민지로 통치하겠다는 정치 이념이 전쟁을 유발하기도 한다.

이념과 이데올로기 갈등은 자유 민주 국가나 인민 민주주의 사회 제도에서도 분란의 불씨가 되고 있다. 자유 민주 국가에는 헌법상에 언론의 자유와 표현의 자유가 보장되지만, 인민 민주주의 사회에서는 표현의 자유가 없는 것은 인민을 억압하고 자유가 없는 것은 통치 수단으로 이용하기 때문이 아닌가 싶다.

동남아시아 국가 중 사회주의를 통치 이념으로 하는 공산국가는 모든 것을 국유화하고 있다. 사회주의는 국가는 인민의 삶을 지상낙원으로 하겠다는 정치는 실패하였고, 오히려 인민의 생활만 궁핍해질 뿐이었다. 한때 전쟁을 치른 적국이었지만, 자유 우방 국가와 문호를 개방하여 자유 시장 경제를 활성화하는 국가가 늘고 있는 현상이 오늘의 실상이다.

지구상에는 자유 민주 국가와 공산주의 체제가 공존하나 언제나 대립각을 세우고 있다. 자유 민주 국가는 인간에 대한 생명의 존엄성이 보장되지만, 공산주의 치하에서는 인격권의 존엄성이 말살되고 있다. 혹독한 독재로 인민의 생활을 억압의 수단으로 통치 체제를 유지하고 있을 뿐이다. 공산주의 체제는 개혁과 개방 정책을 통한 인민의 삶의 질을 향상할 수 있다는 것을 알면서도 체제가 무너질까 봐 개방 경제를 하지 못하는 것이 현실이기도 하다.

우리는 일본이 패망하자 미·소 양대 강국에 의해 38도선을 경계로 남북이 분단되어 미국과 소련에 의한 통치를 받았다. 혼란한 시기에 공산주의자는 신탁통치를 원하였고, 이승만 정부는 신탁통치를 반대했었다. 근간에 좌파 인사 가운데 그 당시 신탁통치를 했으면 우리 민족이 6·25 전쟁도 없었고, 남북도 분단되지 않은 통일된 나라가 되었다고 한다. 좌파 학자가 주장하는 논리라면 비록 민족은 통일이 되었을망정 자유가 없는 공산 치하에서 사는 것을 생각하면 아찔하며 어처구니없는 생각이 든다. 그 같은 주장하는 좌파 인사도 대한민국 국적을 소유하고, 표현의 자유를 누릴 수 있는 것도 민주주의가 성숙한 덕이 아닐까 여긴다.

지구상에는 영원한 적도 없고, 영원한 우방도 존재하지 않는다. 지도자를 잘 못 만나면 국정이 파탄되고 정책 방향에 따라 우방국도 적국이 될 수 있다. 냉정한 현실에 혈맹으로 맺어진 어제의 우방도 오늘 적대국이 되는 무심한 세월을 한탄한들 무슨 소용이 있을까 여기니 세상이 돌고 도는 것을 보아 아이로니컬하다. (2019년 대구 펜 19호)

경찰警察은 국가 안보의 초석礎石이다

　최순실로 나라 안이 혼란스럽다.
　촛불 민심은 전 국민의 심경(心境)을 대변할 수 없다. 200만 명이 연일 촛불을 태우며 시위를 하더라도 5,100만 명의 뜻을 대변할 수 없지 않겠나 싶다. 말 없는 대다수 국민은 침묵을 지키며 사태를 주시하고 있다. 정치꾼은 촛불의 향방에 대한 유불리를 따지며, 혹시나 자기한테 닥칠까? 싶어 전전긍긍하며 부화뇌동하는 작태가 안쓰럽기도 했다. 정치는 언제나 국민의 눈높이 아래에서 맴, 돌고 도는 듯해 한심한 모양새를 보는 것 같다. 국민의 권리를 대변하는 헌법 기관에 몸담고 있으면서 국민의 세금으로 녹을 받은 국회의원은 영혼도 없는지 묻고 싶다. 언론과 종편은 최순실로 떠들썩하며 지면이나 지상파를 도배하고 있는 것이 작금의 형상을 대변인 노릇을 하는 듯하다.
　시국이 어수선하고 치안이 혼란스러울수록 경찰은 고달파진다. 촛불 속에는 종 북, 좌파 세력, 전교조 등이 극성을 부린다. 그래도 다행스러운 것은 수백만 명이 모인 군중집회에 폭력 사태가 발생하지 않은 것만으로도 다행스럽다. 한국인의 시위 문화에 대한 성숙도를 보는 듯했다. 촛불에는 다양한 국민의 소리가 담겨 있다. 현 정부를 전복하려는 고정간첩이나 종북 세력은 박 대통령을 하야, 구속 또는 탄핵을 외치는 부류, 현 시국을 걱정스럽게 우여 하는 세력, 문화 행사를 관람하거나 말없이 인파 속에 시국을 관망하는 사람 등 다양한 군중이 촛불을 주도하며, 대권 후보자는 시위 문화를 선동하며 대권 운동을 하는 것 같기도 하였다. 이런 때일수록 경찰관은 국민의 생명과 재산을 보호하며 질서 유지와 시위 문화 정착에 무거운 책임감을 느끼며, 엄동설한에 광화문, 세종로 등지에서 질서 유지를 위해 애쓰고 있다.

시국이 어지럽고 혼란할수록 경찰은 확고한 국가관과 사명감을 가지고 국가와 국민을 위해 어떻게 해야만 나라 발전을 위한 제일 나은 방법인가를 고민해야 할 때다. 고도화된 종북, 좌파 세력을 척결하기 위해서는 NL계나 PD에 대한 이념 교육을 철저히 하여 공산주의 이론 면에서 그들을 제압할 수 있어야만 한다. 유신 시절 지식인을 탄압하면 좌파 성향으로 돌아가는 경향이 있었으나, 지금처럼 자유 민주주의 국가에서는 언론의 자유가 보장된 시점에 이데올로기 논쟁에서 밀리지 않겠다면 단단한 이론과 사상(思想) 무장이 불가피할 것 같다.

젊은 경찰은 현 시국에 대한 예단(豫斷)한 정황을 알 수 없다.

대한민국의 건국이념이나, 해방 전후의 시국 상황이며, 어떻게 하여 6·25동란이 일어났는지 올바르게 알아야만 한다. 한국은 경제 발전과 자유 민주주의를 동시에 이룬 세계 10대 경제 대국이란 말을 종종 듣고 있다.

우리는 선진국 문턱에서 좌우 갈등과 민노총의 시위 문화로 인한 일자리를 해외로 돌리고 있는 것이 오래된 이야기이다. 학력 수준은 높아졌고, 시시한 일자리는 하기 싫어 한탕 문화가 성행하는 것도 남의 일이 아닌 우리의 현상(現狀)이다.

월남이 공산화된 것도 내부의 적이다. 티우 수상 비서실장도 간첩이었고, 군 고위층 장성도 간첩이었다고 한다. 미국이 그 많은 군수물자를 지원하고도 공산화된 것은 역사는 말하고 있지 않은가. 지금부터라도 김정은을 추종하는 내부의 적을 척결하지 않으면 대한민국도 머지않아 위태로운 국면을 면할 수 없을 것 같다.

내부의 적을 척결하기 위해서는 경찰의 무한한 열정과 노력이 요구되는 시점이다. 위장 탈북자 가운데에도 간첩이 있을 수 있고, 혼란한 시국을 틈타 촛불을 확산키 위해 고정 간첩망에 지령문을 보내는 북괴의 지령이 급증하고 있다고 한다.

경찰은 국가 안보의 초석인 것처럼 무한한 국가관과 국가와 국민에 대한 충성한다는 사명감이 투철하여야 이 난관을 극복해 나갈 수 있다고 본다.

한 가지 부언한다면 生 爲 祖 國 生, 死 爲 國 民 死.

"사는 것도 조국을 위해 살고, 죽는 것도 국민을 위해 죽는다."라는 집념(執念)만 있다면 문제는 없을 것이며, 국운도 상승할 것이다.
(2017년 2월 28일 경우신문)

분단된 조국의 명운

전쟁은 참혹하고 비참했다.

세계 2차 대전 전후 처리 문제를 1943년 이집트 카이로에서 미국의 루스벨트, 영국의 처칠, 중국의 장개석이 회담을 하면서 한국의 자유와 독립 보장을 처칠의 반대에도 불구하고 장개석의 동의를 얻어 루스밸트 대통령은 한국의 독립을 카이로 회담에서 선언하였다.

세계 2차 대전 막바지에 미국, 영국, 소련은 1945년 2월 얄타 회담을 소련의 크림반도 휴양지인 얄타에서 한반도에 대한 논의가 있었다. 38도선을 기준으로 남북에 각기 군대를 진주시켜 미국과 소련의 군정을 실시하기로 하였다. 미·소는 신탁통치의 문제와 스탈린은 외국군의 한국 주둔을 반대했다.

1945년 7월 포츠담 회담이 다시 3국 대표들 간에 열렸다. 북위 38도선 이북에 있는 일본군은 소련군 사령관에게 항복하고, 그 이남에 있는 일본군은 미군 사령관에게 항복하라는 '일반명령' 1호가 발표했다. 소련군의 한반도 주둔 허용으로 분단의 실마리가 시작되었다.

루스벨트는 일본이 점령한 식민지를 박탈하고 한국의 독립을 보장한다고 하였지만, 한국은 자주적인 독립을 하지 못하고 외세에 의해 해방의 기쁨을 맞이했다. 북위 38도선 북쪽은 소련군이 점령하고, 남쪽은 미군정이 통치하게 되었다. 그해 8월 미·영·소 3국은 얄타 회담에서 외국군은 한국에서 철수한다는 결의를 했다. 미국 대통령 루스벨트는 일본을 거점으로 애치슨라인을 설정하고 한반도에서 미군을 철군했다.

스탈린은 소련군 대위 출신 김일성을 꼭두각시로 앞세워 친일파를 숙청하고 인민 정부 수립에 몰두했다. 소련의 지원을 받으며 조선인민공화국 수립에 전념하면서 전쟁 준비를 하였다. 남로당 당수 박헌영은 남침하면 남쪽의 20만 남로당원이 민중 봉기를 일으켜 적화 통일을 쉽게 할 수 있다고 김일성에 수차 충동질을 했었다.

8·15 광복이 되자 조선 독립과 민족 운동을 하던 인사들은 이데올로기 갈등 속에 해외 문물을 접한 지식층의 일부는 38선을 넘어 자진 월북하는 사례가 비일비재했다.

미국은 한국의 통일 정부 수립을 위한 국제연합(UN) 총회에 정식 의제로 상정하였다. 미국은 한국의 통일 정부 수립을 위한 자유선거 주장과 소련은 동시 철군 주장이 충돌하면서 UN 한국 임시위원단의 북한 지역 입경 거부로 남한 만의 선거를 1948년 5월 10일 실시하도록 결정되었다.

유엔 감시 아래 무기명 비밀 투표로 남쪽만의 선거로 제헌국회가 구성되어 대한민국을 건국하는 모체가 되었다. 이승만 정부는 건국의 기초를 일본제국주의 시대 인사를 쇄신하지 못하고 그들이 건국의 초석을 놓았다.

김일성은 스탈린이 평양에 주둔 시 수십 차 전쟁물자 지원을 요구하였지만, 실패하였다. 모스크바로 돌아간 스탈린을 4차례나 방문 설득 끝에 조건부로 전쟁물자 지원을 약속받았다. 단 중국 모택동이 한국전에 참전한다는 단서를 달아 전쟁에 필요한 군수품 지원을 약속했었다. 당시 소련도 남반부에 얼지 않은 항구가 필요했던 시기였다.

김일성은 전쟁 준비가 완료되자 1950년 6월 25일 새벽 4시를 기하여 38선 전역을 돌파 기습 남침을 감행하였다. 당시 국군 장병은 외출 외박 휴가를 떠났고, 서울 운동장에는 축구 경기를 하고 있었다.

정부는 38선에서 우발적인 총격전으로 판단하고 대수롭지 않게 상황 판단을 하였다. 북괴 인민군은 T34 탱크를 앞세워 38선 전역에 걸쳐 새벽녘에 기습 남침으로 3일 만에 수도 서울이 함락되고 말았다.

정부는 전황을 정확히 판단하지 못한 까닭에 한강 인도교를 폭파하고 말았다. 그로 인한 피난민으로 가득 찬 한강 인도교 폭파로 많은 서울 시민이 수중 물귀신이 되었고, 공포와 불안 속에 시민은 고립되고 말았다. 피난을 가지 못한 많은 인사가 납북되는 비극이 속출하였고, 손발이 묶긴 채 38선을 넘어 북으로 끌리어 간 인사들은 학대와 배고픔에 몸부림치며 중노동을 하다가 한 많은 세상을 등진 비극의 연속이었다.

인민군이 서울을 점령 후 3일 동안 머물게 된 것은 동부전선의 인민군 주력 부대와 함유하기 위함이었으나 국군 21사단의 방어 진지를 돌파하지 못해 서울을 점령한 인민군이 3일간 서울에 체류하게 되었다고 한다. 다행히 3일이란 시간적 여유로 한강과 금강 유역에 국군은 방어 진지를 준비할 수 있었다.

김일성은 대한민국 정부가 미국의 방어선 밖에 있어 미군이 참전하지 않을 것이라 오판하였으나 미국 정부는 1950년 6월 30일 한반도에 미 지상군을 투입하기로 했다. 미 국방성은 가장 빨리 동원할 수 있는 미군으로 주일 미군에서 전투 병력을 차출하였다. 제24보병사단 제21연대 1대대 지휘관 찰스 브래드포드 스미스 중령을 한국에 가도록 명했다. 7월 1일 C54 수송기 편으로 오전에 부산에 도착하였다. 스미스 중령은 2차 세계대전 때 과달카날에 투입되어 일본군과 싸웠던 베테랑이었으나 부하들은 전투 경험이 없는 1~2년차 신병들이었다.

1950년 7월 5일 새벽 3시에 도착하여 잠시 쉬지도 못하고 장맛비가 쏟아지는 가운데 진지도 구축하지 못한 상태에 오산 죽미령에서 인민군과 첫 번째 교전이 시작되었다. 부족한 화력으로 전차 2대를 격파하면서 필사적으로 싸웠으나 인민군 전차가 미군의 보병 진지를 돌파해 오자 더 버틸 수가 없어 후퇴하지 않을 수 없었다. 퇴각 명령을 받지 못한 1개 소대 병력은 포로가 되고 말았다.

스미스 부대는 금강 유역에 방어선을 치고 싸웠지만 대패하고 말았다.

정부는 수도를 대전에서 대구로 이전했다.

김일성은 8월 15일까지 남반부를 적화 통일하겠다고 결의를 다지며 총공세로 진격했다.

한·미 연합 사령관으로 부임한 워커 장군은 군, 경찰, 학도 의용군, 국민이 일심동체가 되어 최후의 교두보를 낙동강 전선에 구축하였다. 대구를 사수하기 위한 최후의 방어선이었다.

괴뢰 인민군 사령관 김책은 낙동강을 따라 정예군 4개 사단 병력을 집결시키고 대구 함락을 위한 공세는 연일 반복되었다.

대한민국의 운명이 풍전등화 같은 현실이 다가오고 있을 때 정부는 또다시 수도를 부산으로 옮겼다. 내무부 장관으로 부임한 조병욱 박사는 수도를 부산으로 옮기더라도 대구를 사수해야겠다는 굳은 결의를 다졌다. 한·미 연합군은 적 정예군 4개 사단과 낙동강을 사이에 두고 치열한 공방전은 연일 계속되었다.

육군 제1보병 사단장 백선엽 대령은 적 정예군과 낙동강을 사이에 두고 치열한 공방전은 밤과 낮이 없었다. 다부동 전투는 군사 전략상 중요한 요충지였다. 유학산을 중심으로 산악지대가 가까이 있어 미군 전투기가 활동하기 힘든 지형으로 인민군의 공세는 격렬했다.

세계 2차 대전사에도 그 유례를 찾을 수 없을 만큼 처절한 전투였다. 팔월 초부터 구월 중순까지 전투는 계속되었고, 고지를 탈환하고 빼앗기는 격전의 전쟁터는 삶과 죽음의 수라장이었다. 치열하고 참담했던 전선에는 전사자의 시체가 구릉을 만들었고, 계곡의 물은 핏물로 가득했다.

제공권을 장악한 연합군은 낙동강 줄기를 따라 B29의 출격으로 낙동강 전선에 포진한 인민군 주력 부대에 융단 폭격으로 적진지를 초토화 덕분에 대구 시민은 피난길을 멈추었다. 낙동강 교두보가 확보되자 맥아드 장군은 인천 상륙 작전을 구상했었다. 한국의 켈로 부대가 월미도의 등대를 밝히며 상륙 작전은 성공적으로 이루어졌다.

수도 서울이 함락된 지 3개월 만에 서울이 수복되어 중앙청에 태극기를 달 수 있었다. 인천상륙 작전은 북한군의 병참선과 배후를 공격하여 북진할 수 있는 계기를 마련했었다.

유엔군과 한국군은 여세를 몰아 10월 1일 38도선을 돌파 압록강까지 진격하여 통일의 날이 머지않을 줄 알았다. 그러나 백만의 중공 대군이 인해 전술로 한국전에 참전하게 되자 동절기에 1·4 후퇴가 시작되었다. 흥남 철수 작전은 열흘간 계속하며 원산지역에 무자비한 폭격을 감행했다.

한·미 연합군은 후퇴하다가 38도 선에 새로운 방어선을 구축하고 반격에 나섰다. 1951년 4월 북한강을 저지선으로 용문산 전투에서 육군 6사단 장도영 장군은 중공군 3개 사단의 공세를 막아낸 뒤 패주 병을 추격 **대성호(파로호)**에서 한국전 사상 한·미 연합군이 대승을 거두었다. 중공군은 10만 명 이상의 병력을 손실하고 철수를 시작하였다.

휴전협정의 분위기가 익어가자 철의 삼각지대와 전선에는 영토 확장을 위한 전투는 주야장천 계속되었고, 포격으로 인한 산야는 초토화되어 구릉으로 변할 만큼 지형이 변형되기도 하였다.

3년간의 전쟁으로 한반도는 초토화되었고, 인명 손실은 너무나 많았다.

휴전협정으로 전쟁은 중단되었지만, 전쟁으로 인한 많은 미망인을 양산하였고, 전후의 상이군경의 사회생활은 비참하였다. 조국 대한민국을 지키기 위해 목숨을 초개와 같이 나라에 바친 국군 용사들의 영혼이 삼천리 방방곡곡에 메아리치지 않겠는가?

당시 이승만 대통령은 한·미 연합군이 대승을 거둔 대봉호를 찾아 승전 기념으로 **파로호**(破虜湖)로 개명하였다. 지금도 파로호의 전투는 잊을 수 없는 **전장**(戰場)으로 기억되고 있다.

북괴는 분단된 조국을 3대에 걸쳐 적화 통일 야욕에 몸부림치고 있는 현실을 잊어서는 아니 된다. (2022년 신한국 8호)

3부

영혼

영혼
운명
인생
문지방
발
외로운 영혼
강기슭에서
산 넘어 산촌마을
한탄강의 절벽
주목
가시꽃

영혼(靈魂)

 인생은 강물 같다고 하더라. 우리 인생도 흐르는 강물처럼 정처 없이 어디론지 흘러가는지 모른다.
인간의 영혼은 육체가 아니면서 육체에 깃들어 사람의 활동을 지배하며 죽어서도 육신을 떠나 존재하는 것으로 여겨지는 정신적 실체라 한다.
 사람이 살다 보면 별의별 일이 생길 수도 있구나 싶다. 인간의 수명이 늘어 갈수록 희비애락도 쌍무지개처럼 휘황한 삶도 있는가 싶다. 삶의 환경이 좋아지고 일상생활의 변화에 따라 의술과 과학의 발달로 절제되고 조화로운 식생활이 인간의 수명을 장수케 하는가 싶다. 작금에 65세를 기준으로 경로 예우를 받고 있지만, 앞으로 그들을 청년기로 보며 79세까지는 장년기로 볼 때 80세 이상은 노년층으로 분류하는 듯싶어진다.
 세월은 그만큼 좋아졌고 인간의 수명도 길어졌지만, 생명을 경시하고 인간의 생명 존엄성마저 상실되어 가는가 싶어 안타까운 마음의 현상(現狀)이기도 하다.

　사람은 누구나 건강하게 살고 싶은 욕구가 충만한 것이 인간의 본능이다.

　그러나 수명이 다하면 운명을 누구나 바꿀 수는 없다. 천지신명님께 하소연하더라도 자신의 운명은 명대로 살다가 혼자 저승으로 갈 수밖에 없다.

　노년층에 삶을 영윤(榮潤) 하신 분은 그래도 지금까지 잘 살아오셨고 행복한 사람이 아니겠는가. 비록 세상을 떠나 육신은 없어진다고 하더라도 영혼은 죽지 아니하고 다른 세상에 태어난다고 한다. 통상 사람이 사후에 짐승으로 소생한다는 설도 없지 않다. 살아생전에 착하고 올바르게 삶을 잘 살아 온 사람은 다시 환생하여 그 영혼이 아주 편히 지냄으로 후손한테 좋은 영험을 애견하는가 싶기도 하다.

　사람은 누구나 잠을 자다가 꿈을 꾸는 일이 간혹 있을 수 있다. 해몽도 긍정적인 해몽과 부정적 해몽에 따라 사람의 심성에 갈등을 부추기기도 한다.

　인간의 수명이 다하여 북망산천에 가면 인간 사회처럼 영혼 세계에도 무수한 생명체가 살고 있다는 설이 있다. 명이 다하여 저세상에 가면 대다수가 개나 짐승으로 태어나기도 하고 그렇지 않은 경우도 있다고 한다. 때에 따라 남자나 여자로 환생하여 영생(永生)을 편히 지내는 경우도 간혹 있는 듯하다. 살아생전에 좋은 일 많이 하고 올바른 마음과 봉사로 인격이 도야 된 사람은 생을 다하게 되면 사후에 영생을 편히 누린다고 한다.

　아이가 세상에 태어날 때 주먹을 불건 쥐고 태어나는 것은 성장 후 무엇이 든 것에 도전해 보겠다는 의욕이 넘치지만, 막상 세상을 떠날 때는 모든 것을 내려놓기 위해 주먹을 펴고 떠나는 것을 보면 편히 쉬고 싶은 마음의 표현이 아닐까 싶다.

　사람은 평소에 공기를 마시며 살면서도 고마움을 느끼지 못하고 있다. 한 푼의 돈도 주지 않으면서 숨을 쉬는 것에 고마움을 모르고 있다. 공기는 인간의 생존을 위해 꼭 필요하지만, 값없이 받는 것에 소중함을 모르고 살고 있지 않나 싶기도 하다. 그래서 우리가 살아생전의 매사에 감사하며 슬기롭고 공정하고 바르게 살아야 할 것 같다.

노령기에 들어서면 죽음에 대한 유혹과 생애에 대한 욕망이 부딪친다. 그래서 죽음에 대한 마음의 갈등과 두려움 때문에 종교에 몸을 의탁하기도 한다. 정신적 위안을 찾을까 싶어 신앙심에 의지(意志)하고 싶어 종교에 심취하고 있는지도 모른다.

지금의 세상은 서구 문화의 유입으로 핵가족화된 세태에 물질문화는 팽창되었으나 정신문화의 붕괴가 심각하다. 극단적인 선택으로 자살률이 높아지는 것은 안타까운 일이다.

각자의 사연은 있겠지만, 아무것도 모르는 어린 자녀들과 동반자살을 택하는 경우를 볼 때 사회적으로나 구조적으로 큰 문제가 아닐 수 없다.

우리 사회는 인명을 경시하는 풍조가 만연되는가 싶어 서글프다. 정신문화의 결핍이 아쉽기도 하다. 원했든 원하지 않았든 자식이 태어나면 인명을 경시해서는 안 된다. 도탄에 빠지고 어려운 사정은 있겠지만, 그래도 세상에 태어난 생명체인 인명(人命)에 대해 격노(激怒)해서는 안이 될 일이다. 사람은 누구나 세상에 태어날 때 자기 먹을 복을 타고 태어난다고 했다. 살기 위해 먹고 즐겁게 살다가 수명이 다하면 숙명이라고 생각하면 좋지 않을까 싶다. 동반자살 행위는 범죄며 사후에 영혼마저 편히 잠들 수 없을 것 같다. 태아를 낙태시키거나 신생아와 동반 자살행위는 윤리 의식과 도덕성이 결여된 사회적 문제가 아닐 수 없다.

사후 세상에 영혼만이라도 편안한 삶을 생각한다면 살아생전에 어려운 이웃을 보살피고 배려하며 윤리와 도덕성이 절실한 삶이 요구된다.

인간의 영혼은 육체가 아니다. 그러면서도 사람의 정신 영령(英靈)을 지배하는 듯하다. 비록 육신은 떠나도 사후에 존재하는 정신적 실체이기도 하다.

인간은 누구나 영혼을 위해 하늘 궁 소원석에 소망을 위해 축원 기도를 드리며 영생하기를 바라는지 모른다. (2023년 대구문학 3월호)

운명(運命)

　인간은 누구나 젊은 시절이 있다. 남녀노소를 불문하고 학창 시절엔 청운(靑雲)의 꿈을 그린다. 유년 시절의 그 꿈이 성장하면서 원대한 꿈도 세월이 지남에 따라 조금씩 시들어 감을 느낀다. 그렇지만 그 꿈을 실현하기 위한 살신성인(殺身成仁) 정신으로 열악한 환경을 극복해 가는 사람도 적지 않아 보인다. 무한한 노력에도 불구하고 결실이 없으면 중도에 포기하는 사람도 적지 않은가 싶다. 그렇다 하더라도 사람에게는 누구나 욕망(欲望)을 간직하고 있듯이 그 욕구를 충족(充足)시키기 위해 무던히 노력한다. 자기가 했던 일에 성취감과 희열을 느낄 때도 있겠지만, 그렇지 못할 때도 있다. 어떤 이는 팔자소관이겠지 한탄하다가도 그게 내 운명이겠지 하며 스스로 체념하며 개탄(慨歎)하기도 한다.
　그러나 인간의 생활 형태는 조물주 또는 인간보다 강대한 힘으로

써 규정되어 있는 것이며 인위의 작용(作用)은 그 규정이외(規定以外)에는 생각할 수 없다. 우리의 기도(企圖)가 성취하였다는 것은 우연의 투합(投合)에 불과하다는 견해이며 문학, 종교, 철학을 통하여 운명에 대하여 여러 가지로 해석되고 있다. 철학자 하이덱스는 "死에의 存在로서의 生의 根源的 現象"이라 하고, 야스퍼스는 "限界狀況"이라고 주장하고 있다.

옛날 사람들은 태교(胎敎) 때부터 사람의 운명이 결정된다는 이야기를 믿었다. 그래서 새로운 생명이 태어나면 자신이 먹을 복을 타고 출생한다는 이야기가 많았다. 영남 내륙지방의 사대부 집안은 지금도 조상을 숭배하는 정신이 가문의 대를 잇고 있다. 명문대가의 자손들이 대를 이어 과거에 급제하고 가문을 빛내는 것도 훌륭한 선비를 많이 배출하였기 때문이다. 작금의 내륙지방을 돌아다보면 사대부 집안은 그래도 유교적 바탕 위에 집성촌을 이루며 옛 풍속을 숭상하고 있다. 조상의 얼을 새기며 고유한 문화를 보존하고 더욱 발전시키기 위해 지혜를 모으는 것도 현실이다. 안동 하회 마을이나, 고령 개실 마을이며 양동마을에 학생들의 체험 학습장이 되어 현장실습을 위해 많이 찾는다고 한다.

정부에서는 전통 마을을 보존하고 문화유산을 가꾸기 위해 예산을 지원한다. 예전에 보잘것없는 농촌이었지만, 지금은 엄청난 변화의 물결 속에 테마공원을 조성하고 창의적인 문화를 창출하고 있다. 매년 많은 관광객이나 학생이며 학자들이 전통 한옥 마을을 찾는 것도 시대 흐름인 듯하다. 그 배경에는 지역을 대표하는 역사적 인물이 배출된 탓도 있겠지만, 뿌리 깊은 정신문화가 지금까지 계승되고 있기 때문이다.

우리 민족은 양택보다 음택을 선호하고 있다. 조상님을 좋은 묘터에 모시면 재물과 자손이 융성하고, 후손들이 입신출세한 가문은 조상의 은덕을 입고 있는 듯했다. 그네들의 조상 산소를 돌아보면 금계포란형 혈장에 매장된 것을 볼 수 있다. 혈(穴) 자리에 묻힌 유택(幽宅)은 배산임수가 조화로운 장소로 태조산의 혈맥을 잇는 주산에 좌청룡 우백호 형세에 안산(案山)이 산소 앞의 바람을 막아 주고 강물이 유유히 흘러들어오며 지혈이 뭉친 혈장에 모신 것을 볼 수 있다. 백호가 발달한 지형은 재물이 태산을 이루고, 청룡 형상(形狀)이 좋으면 자손이 융성하며 입신출세한다는 풍수지리 학설이 있다. 그러나 망인이 살아생전에 사람을 귀하게 여기며 덕을 베풀고 후학을 가르치며 청렴했던 삶을 살아온 위인(偉人)은 명당이라는 유택이 운명처럼 나타난다고 한다. 역사적 기록을 보아 훌륭한 조상을 모신 문중 산소를 답사해 보면 명당자리인 혈장(穴場)에 모신 것을 볼 수 있다. 산소 앞에는 용트림한 비석이 있고, 좌우에 문간 석과 장군석이 산소를 지키고 있음을 볼 수 있다.

수백 년 전에 권세가 등등한 집안에 초상이 났다. 사람이 임종하면 매장을 선호하였다. 저명한 지사를 불러 묘 터 자리를 찾아보도록 하였더니, 지사(地師) 왈 이 자리는 정승이 날 자리라고 상주에게 귀엣말로 소곤거리는 소리를 출가한 딸이 그 말을 엿듣고 친정 할아버지의 장사 전날 밤 혈장이 들어갈 자리 입구까지 광목을 깔아놓고 밤새도록 물동이로 물을 길어 부었다는 전설이 있었다. 이튿날 상주가 장사(葬事)를 치르기 위해 묘 터를 찾아보았더니 청명한 날씨에 혈장에 물이 가득 찬 것을 본 상주가 묘 터가 나쁘다고 다른 장소로 매장했다는 실화가 있었다.

몇 년의 세월이 지난 후 딸의 시아버지가 세상을 떠나자, 혈장에 물동이로 물을 채운 묘 터에 산소를 쓴 뒤 그 손자가 정승 반열에 오른 전설이 경북 어느 고을에 있었던 실화(實話)다. 그래서 딸은 시집을 가면 출가외인이 된다고 했다.

인간만사 새옹지마(塞翁之馬)라 하더니 사람의 앞날은 한 치 앞도 내다볼 수 없듯이 기구망측(崎嶇罔測)한 운명도 어찌 보면 인명(人

命)이 재천(在天)이라 하니 사람의 운명도 언제 어떻게 될는지 모를 일이 아닌가 싶다? (2015년 영남문학 가을호)

인생

 가을이 되면 상념에 머물 때가 있다. 들녘을 황금 들판으로 물 드린 만추의 계절이 되면 지나간 옛 추억이 새삼스럽게 마음을 슬프게 한다.

 나는 젊은 시절 많은 세월을 방황하며 살았다. 야망과 포부 탓에 다양한 직업으로 전전했다. 지금에 와서 생각해 보니 그마저 타고난 사주팔자가 아닌가 싶기도 하다. 다채로운 인생 경륜이 어찌 보면 오늘날 글감이 되기도 했다.

 신문 배달을 하며 학창 시절을 보냈고, 1959년경 문우들과 문등이(文登伊) 단체를 설립하여 출판도 하고, 연극, 영화 예술에도 참여하였으며 중, 고, 대학생의 작품을 수집하여 『봄의 지열』이란 경상북도 학도 시집 출간도 해보았다. 출판을 위해 대구교도소 교정국 출입이 빈번했다. 간행한 시집 5,000부 판매를 위해 대구 시내 고교 문예반장이나 지도 선생님을 자주 만났다. 때에 따라 고교 문예반장들에게 판매를 일임시키기도 하였다. 그 시절은 전쟁이 끝나고, 정전 협정이 된 지 오래되지 않아 모두가 생활이 궁핍했던 시기였다. 책 판매는 처음 생각과 현저한 차이로 실망이 컸었다.

나는 한때나마 청년 시절 문학도로 문단 선배들과 자주 어울리는 좌석이 많았다. 오전에는 월간지 정기 구독이나 할부 책 판매를 하였고, 오후에는 포정동 무랑루즈나, 대구 극장 앞 하이마트 등지에서 음악과 문학 토론으로 시간을 보냈다. 저녁노을이 물드는 석양 때가 되면 아카데미 극장 건너편 옥이 집이나, 가보자 주점을 출입하며 주석에서 문단 선배들이 하시는 이야기를 하나씩 귀담아들은 시간이 많았다.

그 당시 문단의 중견 선배들은 대개 4, 50대가 대다수였다. 전후 시대라 복구가 되지 않았던 암울했던 시절에 낮에는 생업에 종사하시다가 저녁 무렵이 되면 삼삼오오 모여 주로 다방이나 주점에서 자주 빌 수 있었다.

그때 나는 청구대학 청강생으로 문학에 심취하여 지역 신문에 작품 발표를 하며 자만심이 가득했다. 대구에서 유일하게 월간지로 발행되는 교양지는 도 공보실에서 발행하던 『도정월보』가 고작이었다. 편집 주간은 여류 시인인 서정희 여사였다. 서 여사가 지병으로 작고하신 후 극작가이신 K 선생이 편집을 맡게 되었다. 어느 날 K 선생이 나에게 공보실에서 함께 일을 하자고 제안했다. 그러나 나는 징집영장이 발부되어 입대해야 할 처지였다. 그래서 문우인 M 군을 채용해 달라고 요청하고 입대하였다.

35개월이란 군 복무를 마치고 귀향하니 그동안 세상은 많이 변한 듯했다. K 선생과 M 군도 대우가 좋은 대구 MBC 문화 방송으로 자리를 옮겼고, K 선생은 달구벌 만평을 담당하셨고, M 군은 일선 기자 생활을 하고 있었다.

나는 제대 후 무엇을 해야 할지 망설였다. 마땅한 직업 없이 지내다가 지인의 소개로 매일경제신문 대구지사에 몸을 담고 기자 생활을 해보았으나 생리에 맞지 않아 그만두고, 학원사 대구지사에 입사했다. 당시 학원출판사는 국내 출판업계에서 선두 주자였다. 월간 주부 생활은 가정마다 인기가 대단했다.

어느 날 학원사 K 사장이 대구지사를 방문했었다. 전 직원을 모아 놓고 인사 겸 간담회를 실시했다. K 사장도 대구가 고향이었고, 조카 또한 대구지사에 업무부장으로 재직하고 있었다. 인생 선배로서 사회적 경험담을 격의 없이 이야기하는 분위기는 진지하였다. 간담회를 진행 하는 도중 K 사장은 불시에 "기관에서 몸담아야 할 사람이 책 장사를 하고 있다"라는 투의 이야기가 있었다. 많은 직원 중에 특정인을 지명하지는 않았다. 그저 분위기의 느낌과 생각을 말한 듯했다.

사원들은 서로 간에 얼굴을 쳐다보며 시선이 나에게 집중되는 것을 보았다. 갑자기 내 얼굴은 홍당무가 되는 듯 뜨거워 옴을 느낄 수 있었다. 매일 자전거에 월간 주부 생활을 싣고 구독 신청과 판매를 하였지만, 수익은 신통치 않았다. 월간지 책 장사는 나의 영구적인 직업이 될 수 없었다. 때는 5·16군사혁명 직후라, 군 복무를 하지 않은 공직자는 공직사회에서 모두 퇴출해 국토건설단에 투입 군 복무를 대체시킨 바 있었다.

하루는 아내가 나에게 "경찰관 시험에 응시해 보세요."라며

"당신 사주에는 권세가 들어 있으니, 경찰을 해보라."라고 권유했다.

"이제 당신 나이도 30세가 되었고, 아이도 있으니 안정된 직업을 구해야 하지 않겠나." 하였다.

"그렇게 해보지요.."

그 당시만 하여도 경찰관에 대한 이미지가 좋지 않아 별 흥미가 없었다. 어린아이가 울면 "순사가 온다." 하면 울던 아이도 울음을 그칠 정도로 두려움과 공포의 대상이기도 했다. 나는 직업에 대한 선입견보다 우선 처자식을 부양해야 할 의무가 있는 가장이었다. 책 장사를 하면서 틈틈이 공무원 시험 준비를 했다. 당시 안정적이고 장래성 있는 마땅한 직장 구하기가 쉽지 않았다. 대구에는 기껏해야 제일모직이나 대한방직 등의 섬유공장뿐이었다.

경찰 채용시험에 응시하자면 우선 신체검사에 합격하여야만 필기시험을 칠 수 있는 자격이 부여되었다. 낮에는 책 장사를 하고 밤이 되면 시험 준비를 했다. 치열한 경쟁을 뚫고 국가공무원인 경찰 시험에 합격할 수 있었다. 나 같이 내성적인 사람이 자연인의 자유를 속박하는 직무를 수행할 수 있을지 걱정이 앞서기도 했다. 임명장을 받고 제복을 걸친 자신이 한편으로 얄밉상스레 보였다. 무엇보다 내가 태어난 대구에서 제복을 입은 직업이 싫었기 때문이다. 그러나 먹고 살기 위해 어쩔 수 없이 선택한 직업이 되었다. 경찰복을 입고 거리를 활보하는 자신의 삶이 때에 따라 보람과 희열을 느낄 순간도 있었다. 막상 약자의 편에서 그들을 이해하고 도와줄 수 있는 거리의 판사처럼 보람도 많았다. 지난 세월은 잡을 수 없듯 돌고 도는 인생살이가 내 삶의 토양이 되고 말았다.

국록(國祿)을 받으며 안정된 생활과 노후에 연금이 효자 노릇을 할 것으로 생각하니 어찌하다가 먼 길을 돌고 돌아 온 자신을 되돌아보면 그것 또한 인생살이 같기도 한 나의 삶이었는지 모를 일이다. (2015년 대구문학 11, 12월호)

문지방(門地枋)

　문지방의 문턱이 높다 하더라도 세월을 견디지 못하는가 보다.
　한국인의 전통 가옥 구조를 보면 미음 자 형태로 이루고 있다. 솟을대문을 들어서면 사랑채가 있고, 안으로 들어가면 중 사랑채가 있으며 마주 보는 곳에 곳간과 뒤에 쪽 떨어진 곳에 화장실이 있다. 마당을 지나면 대문에서 보이지 않은 곳에 안채가 사 오간 들어선 것을 본다. 특히 명문대가의 사대부 집안의 종갓집은 배산임수 자리에 한옥이 전망 좋은 남향을 향하고 있는 것을 볼 수 있다.
　통상 종갓집은 마을 중심부에 양지바른 곳에 푸른 이끼가 긴 기와와 흙 담장 위에 기와로 덮고 있다. 4백 수년이 지나도 고풍스럽고 웅장한 형태를 보아 그 문중의 내력을 어렴풋하게 예견되는 바 없지 않다. 종가 뒤편은 대나무가 무성하게 자라 종갓집을 둘러 쌓고 있고, 좌편의 사당에는 불천위 신주를 모시고 있는 듯했다.
　옛 남정네는 한복에 도포를 걸쳤고, 아낙네는 저고리와 치마를 입었다. 오래된 전통 한옥일수록 문지방의 문턱이 높았다. 문턱 한가운데가 닳아 낮아진 것을 보게 된다. 문지방은 마루나 방바닥의 높이에 차이가 있기 때문에 문턱을 넘나 다닐 때 도포 자락과 치마가 스치면서 문지방이 닳아 타원형처럼 생긴 모양새를 본다.

고령군 쌍림면 합가리에 가면 문화재로 지정된 영남 사림 학파의 종조인 文忠公 점필재(佔畢齋) 金宗直(1431년 6월~1492년 8월) 선생의 종갓집과 유물관이며 사당이 있다. 종가는 1,000평에 3평이 모자랐지만, 유물관을 신축하여 유품을 보관하는 건물이 들어선 후 지금은 1,400평으로 증축된 바 있다. 유물관에는 성종 임금으로부터 하사받은 옥 벼루며, 상아홀, 보물인 당후일기, 점필재 당대의 교지 24점 영의정 추증 교지 및 曺 부인 및 文 부인을 정경부인으로 추증한 교지 등 3점 文忠公 복시 교지 1점이 보관되어 있었다.

5백 수년이 지난 지금 유품 관리를 어떻게 했으며, 그 사이 임진왜란이며 6·25동란이 있었는데요, 하였더니 종갓집 종부는 선조의 유훈을 따라 뒷산에 독을 땅에 묻고 독 속에 보관해 관리했다고 한다. 유물관 앞마당에는 여인들이 팅기는 가야금 소리가 억울하게도 부관참시를 당한 김종직 선생을 기리는 듯 애절하기도 했었다.

지금 아름답고 문향이 숨 쉬는 개실 마을에는 전통 한옥 체험과 학생들의 체험 학습을 통하여 옛것을 배우기 위해 많은 사람이 찾고 있다. 도시에서는 볼 수 없는 각종 체험을 통하여 어린 학생들의 정서 함양과 선비 정신을 알기 위한 봄여름 가을이면 사전 예약을 받는다고 한다. 이 마을은 一善 김씨의 집성촌으로 120여 호가 살았으나 지금은 60호가량이 오순도순 살며 타성은 한 집도 없으며, 큰 마을임에도 교회가 없는 것도 특이하기도 하다.

文忠公 점필재 김종직은 평생 많은 저술을 남겼다. 저술 가운데 『청구풍아』, 『동문수』, 『동국여지승람』, 『경상도지도지』, 『선산지도지』, 『점필재시집23권』, 『점필재문집2권』 경학을 논한 『五經釋義』와 승정원의 출사 일기인 『堂後日記』가 있으나 간행되지 않았다. 20년 전 大廟(남평 文 부인) 祭日 때 종손 炳植 翁을 만났다.

종손이 "할아버지 유품을 어떻게 하면 좋을까?" 하기에 국가에 기증 지방 자치단체에서 관리하는 것이 좋을 것 같다고 對談한 바 있었다.

고령읍에 소재한 대가야 박물관이 설립된 배경에는 점필재 김종직 선생의 유품 일부(8점)를 고령군에 기증함으로 박물관이 설립되었다고 한다. 박물관에 들어서면 먼저 시야에 들어오는 것은 김종직 선생의 영정이다.

한때 대가야의 도읍지였던 고령에는 고분과 우륵 선생의 가야금 박물관, 대가야 박물관, 개실마을로 이어진 관광 코스로 되어 있다. 평소에도 많은 관광객이 문화 유적 답사를 찾고 있지만, 주말이면 가족 단위 또는 학술 연구, 문학 기행을 통하여 삶의 의미를 찾아 많은 사람이 찾기도 한다.

안동을 중심으로 경북 일원의 사대부 출신 유가 儒家 집안 종손들이 대구 미도 다실에서 관혼상제 간소화에 대한 논의 중 불천위(不遷位) 제사는 엄정하게 모시더라도 오대 봉제사는 간소하게 지내자는 데 대하여 모두 좋은 안건이라고 이구동성으로 찬동한 바 있었다. 이들 또한 종갓집 전통 한옥에서 수백 년 동안 대대손손(代代孫孫) 살다 보니 문지방이 닳아 타원형을 달마 가는 형상을 볼 수 있다. 문향이 우러나는 유가 집안은 세태가 바뀌어도 고풍을 숭상하며 선인들의 유업을 받들어 모시고 있는 듯하다.

작금의 세태는 우리의 고루한 유교 사상이 붕괴하고 보니 세상만사가 천태만상이 된 것을 느끼게 된다. 그래도 농촌에 집성촌을 이루고 사는 문중에서는 문지방을 넘어 가출이나 이혼이 희소하다고 한다. 예전에 집 나간 며느리도 전어 철이 대면 집으로 돌아온다는 이야기가 있었다. 그렇다 하더라도 문지방이 높은 유가나 사대부 집안에서는 조상의 은덕을 입고 살면서 문중의 가풍을 훼손하는 일은 하지 않는다고 하였다.

전통적인 한옥에 문지방의 문턱이 높은 종갓집 자손들은 비록 문턱이 높은 문지방을 넘나들더라도 시국의 흐름에 흔들리지 않고 긍지와 자존심을 갖고 무심한 세월 속에 살고 있다고 한다. (2018년 영남문학 겨울호)

*김종직 선생의 유품(8점) 일부가 고령 대가야 박물관에 소장된 목록
1. 상아홀 2. 경시 죽첩 3. 전통 4. 유리주병 5. 매화연(벼루) 6. 필옹옥우(벼루) 7. 호패와 슬띠, 8. 호패

발

　사람은 누구나 발에 많은 신세를 지고 있다. 우리 인체는 발이 있어, 서고 걸을 수 있기에 산행도 하고 여행도 즐길 수 있다. 요사이 초등학교에는 야구가 인기 절정이다. 남녀가 혼성된 9명이 한 팀 되어 축구공으로 발로하는 야구다. 보기만 해도 마음이 즐겁고 재미 있어 보인다. 세상만사 누구나 발에 의한 삶의 보람을 느낀다. 발이 있어 생에 애착을 느끼며 역동적이기도 하다. 잠시라도 발이 없다고 생각하면 인생살이가 얼마나 고달프고 괴롭지 않을까 싶다. 나는 가족이나 동호인 모임에서 맛 깔진 음식을 먹고 싶어도 발이 없으면 움직일 수 없음을 절감한다. 그래서 발에 대한 소중함을 피부로 느낀다. 우리 체내는 모세 혈관이 거미줄처럼 엮여 있다. 발바닥의 혈관이 심장과 뇌혈관을 주기적으로 흐르면서 신체 기능을 촉진하고 있다. 혹시 발가락이나 발바닥에 상처가 날까 싶어 극진히 보살핀다. 상처 난 발에 세균이라도 침입할까 싶어 특히 신경을 쓰는 편이다. 운동하거나 하루의 일과가 끝나면 발의 고마움에 감사한 마음으로 피로를 풀어 주기도 한다.

　오늘까지 건강을 유지할 수 있는 것도 발 덕분이 아닌가 싶다. 어느 한쪽 발이라도 탈이 나면 거동에 불편을 느끼는 것이 사실이다. 고희가 지나도록 불평 한마디 없이 주인에게 순종하는 모습이 대견스럽고 고맙기도 했다. 어느 때나 주인이 목적지를 설정하면 발은 자연스럽게 길을 안내했다.
　나는 골목길을 걷거나 산을 오르내릴 때 발의 심성을 자극하지 않으려고 무던히 애를 쓴다. 발의 성질을 거슬리면 돌을 차거나 나무뿌리에 걸리어 몸의 중심을 잃어버리기 쉽다.
　내 몸의 균형을 잡아주는 것도 양쪽 발의 몫이다.
　4월이 가고 5월이 되면 학교나 사회단체에 문화 행사 동창회 체육대회 등으로 분산했다. 올해는 세월호의 참연(慘然)한 참사(慘死)로 인한 사회적 분위기가 침통하고 우울해 조용히 지내는 듯했다. 지난 4월은 경제 강국이라는 대한민국호가 침몰하는 참담한 시점인지도 모른다. 여느 때 같으면 총동창회 체육대회는 많은 경품을 걸어 놓고 하루를 큰 잔치처럼 흥겹게 보냈었다. 종목마다 선수를 선발하고 청년층, 장년층, 노인층으로 구분하여 경기가 다양했다. 그러나 어떤 경기이든 간에 발이 없으면 할 수 없다. 대다수 사람은 평소 발에 대해 무심히 지내는 듯했다.

　우리나라에 축구가 전파된 것도 100 수십 년 전인 19세기 말이다. 삼국사기에 의하면 신라 시대 '축국(蹴鞠)'이란 놀이 형태의 공차기가 있었다. 삼국 통일의 주역인 신라 김유신과 김춘추가 농주(弄珠)를 가지고 노는 축구를 했다는 기록이 있다. 축구는 둥근 놀이기구 가축의 방광이나 태반에 바람을 넣어 차거나 던지는 놀이로 추정된다. 중국에서는 '츄슈' 일본에서는 '개마리'라 했다.
　축구의 종주국이라는 영국도 덴마크의 지배를 받다가 독립이 되었다. 덴마크의 병사 시신인 해골을 발로 차거나, 동물의 방광에 공기를 불어 넣어 부풀린 다음 발로 찬 것이 영국축구의 기원이라 한다. 영국 축구 협회가 창립된 것은 1863년이다. 영국과 독일의 축구 경기가 이어지면서 1904년 국제 축구 연맹 피파가 탄생하였고, 첫 월드컵은 1930년 우루과이에서 열렸다. 제17회 월드컵 축구 대회에서 한국 축구가 유럽의 강국을 제치고 4강까지 오를 수 있는 영광을 차지하기도 하였다.

 내가 어렸을 때는 축구공은 구경하기조차 어려웠다. 짚으로 새끼를 꼬아 공처럼 둥글게 만들어 백구 마당에서 축구 시험을 한 것이 까마득한 옛이야기다. 축구는 양발과 머리, 몸통으로 공을 다루는 경기다. 어떤 경기보다도 힘이 많이 드는 운동이다. 운동장에서 뛰는 모든 선수가 한결같은 호흡을 맞추고, 발재간이 좋은 선수가 콩을 다양하게 다루어야만 좋은 성적을 낼 수 있는 것이 축구가 아니겠는가.

 올해 브라질 월드컵 경기에 출전할 한국 축구팀 홍명보호가 출범했다. 한국의 목표는 8강 진입이다. 유럽에서 다양한 경험을 쌓은 선수를 주축으로 팀 구성을 마친 듯했다. 평균 연령이 25·26세로 젊음과 조직력을 바탕으로 공격 위주의 경기가 기대되는 바 크다. 그러나 한 조에 편성된 러시아, 알제리, 벨기에 전을 앞두고 태산준령을 넘어야만 가능하지 않을까 싶다. 몇 해 전 사진작가인 조선희가 박지성 선수의 발을 흑백 사진으로 보도한 바 있었다. 발톱이 빠지고 못생긴 발에 평발이라고 하였다. 발에는 인체의 모든 경력과 연계되어 있다. 축구 선수가 발가락 하나라도 탈이 나면 경기에 출전하지 못한다. 축구 선수에게는 발만큼 소중한 것이 없다. 박지성 선수가 축구의 종주국인 영국의 맨체스트팀에서 동양인 최초로 주장 표시인 완장을 팔에 산 모습을 본적이 있었다. 아세아 권에서 유일무이한 선수가 되었다. 축구계에서는 앞으로 박지성 같은 훌륭한 선수가 동양권에서 배출되기는 어려울 것이라 예단하고 있다. 지난 5월 14일 수원 축구센터에서 박지성 선수는 그간 국위를 선양하였고 현역 선수 생활을 마감하는 은퇴식을 했다.

 한국의 젊은 선수는 교육 수준이 높고 두뇌가 명석하다. 비록 신장이 적은 편이나 체력과 기동력이 있고, 발재간이 좋은 선수를 선발했다. 한국 축구가 미래 세계 무대 중심축이 되자면 과학적인 전술 개발과 지속적인 투자로 강한 훈련이 요구된다.
 축구도 발이 필수 조건이고, 우리가 걷고, 서고 신체의 중심을 잡아주는 것도 발의 몫이고 보면 발은 우리의 소중한 재산이 아니겠는가. (2014년 영남문학 여름호)

외로운 영혼(靈魂)

 만추(晚秋)의 계절이다.
 청명한 가을하늘 해가 창천(蒼天)에 걸리어 있고 솜털 같은 조개구름이 뭉실뭉실 떠돈다. 동구 밖 느티나무는 오랜 세월을 견디어 온 듯 나무껍질에 윤기가 없고 거북 등처럼 거칠어 저 있다. 나무의 연륜으로 보아 수백 년을 비바람과 서리를 맞은 흔적이 역력했다. 그 주변에는 은행나무가 동신목(洞神木)인 양 동구(洞口)를 알리는 듯했다. 은행나무는 새 옷을 갈아입은 듯 몸치장을 한 모양이 수채화를 그린 듯 아름다웠고, 느티나무 잎이 누른색을 보아 세월을 음미하는 듯 곱고 아름답기도 했다.
 해변에 어둠살이 끼고 지평선에 일몰이 찾아들면 황혼에 반사(反射)된 바닷물이 출렁거릴 때마다 은빛으로 변하곤 하였다. 그때가 되면 검푸른 파도가 노도(怒濤)와 같이 밀리어 온다. 지평선을 타고 온 물결이 대지에 스산한 바람이 불어온다. 살갗을 에는 듯했다. 어둠이 깊어 갈수록 해변에는 음산한 바람이 휘몰아친다. 방풍림으로 심어 둔 이팝나무 팽나무의 단풍이 바람을 타고 우수수 떨어지는 형상이 마치 유형을 즐기는 듯하였다.

소년 시절 문학이 어떤 것인지 모르며 막연한 동경심에 시집이나 소설책을 다독과 정독을 반복했었다. 언제나 집을 나설 때마다 김소월의 시집을 겨드랑이에 끼고 다닐 때가 허다했다. 감성이 민감했던 사춘기라 문학에 매로 되어 감상에 젖을 때가 많았다. 김소월의 시를 암송하고 낭송했던 그때를 생각하면 아련한 생각이 아지랑이처럼 밀리어 오는 듯 시상에 머물 때가 없지 않았다.

고대 그리스 의학의 아버지 히포크라테스는 "인생은 짧고 예술은 길다."라는 말처럼 한때나마 문학에 심취하여 순수했던 그 시절이 그립기도 했었다. 그러나 시대 상황이 전후의 상처가 아물지 않았고, 남과 북이 이데올로기 갈등으로 냉전 탓에 한순간 염세주의(Pessimism)에 빠지기도 한 바 있었다. 전쟁으로 인한 폐허의 광장에 몸부림쳤던 옛날을 생각하면 가슴이 절여오는 듯 마음이 서글퍼진다.

때는 자유당 시절이라 사회는 질서가 없었고 사회 구석구석에 썩은 냄새가 진동했다. 국방을 지키는 군대는 부패의 도를 넘었다. 군용차량은 후생 사업에 투입되었고, 장병은 휴가를 보내고 군수 물품을 시중에 빼돌리는 암담한 시절이었다. 국토방위가 든든하여지려면 지휘관이 청렴해야 탁월(卓越)한 리드 십으로 강한 군대를 양성할 수 있다. 그러나 시국은 그렇지 못했다. 군 수뇌부가 부정과 부패에 오염되어 내부에 썩은 냄새가 진동하니 사회는 덩달아 병들어 있었다. 그리하여 나는 속세를 떠나 자연과 더불어 살고 싶어 스님이 되고 싶었다. 그러나 무슨 운명의 장난인지 스님은 되지 못하고 속세에 파묻어 세월을 보내자니 마음 고통이 극심했다. 자유당 시절은 '법보다 주먹'이 먼저라 질서가 없었다. 야당의 "못 살겠다 갈아 보자!"라는 구호가 삼천리 방방곡곡에 메아리쳤고. 고위층의 부패가 사회를 병들게 하자 혈기 왕성한 젊은 학도들은 불의를 참지 못하고 의거(義擧)의 선봉에 나섰다.

60년 대구 수성 천변에 시국 강연이 있을 때 자유당 정부는 일요일 날 고교생을 등교토록 하고 졸업생들의 송별회를 한다고 강당에 집합시킨 바 있었다.

대구 고교생의 2·28의거는 정부를 비판하는 시국 강연회에 참여하지 못하도록 대구 시내 고교생을 등교시킨 것이 화근이었다.

특히 마산 앞바다에 시신으로 떠오른 김주열의 이마에 최루탄이 박힌 참상(慘狀)은 세상을 놀라게 했다. 그로 인한 민중의 횃불에 도화선이 점화되었다.

3·15 부정 선거는 비난과 비판의 대상이 되었고, 식자층에도 부정과 부패에 야합하는 자유당 정권을 타도하자고 성토했다. 시중에는 군수 물자가 범람하였고, 부패한 정권은 깡패를 조직적으로 동원하여 야당 의원을 폭행과 감금하였다. 민중의 지팡이인 경찰이 경무대 앞의 발포로 많은 희생자가 발생하였다. 학생들은 민주주의를 외치며 선혈을 흘리면서 싸늘한 시체로 변해 갔다.

이와 같은 암울한 시대에 문학을 한다는 것은 생활에 도움이 될 수 없음을 깨달았다. 부정과 비리가 난무하는 자유당 말기에 고교생이 중심이 되어 의거에 나섰다. "못 살겠다 갈아 보자" "타도하자 자유당"을 외치며 교문을 박차고 거리로 나왔다. 대구 학생들의 2·28의거는 3·15정·부통령 부정 선거에 도화선이 되었고 4·19혁명을 유발하고 말았다. 시국이 혼란스러운 시기에 나는 '불운아(不運兒)' '감방(監房) 17호의 죄수(罪囚)' 등 두 편의 단편소설과 희곡 '살아가는 길'을 『개척』 9호와 10호에 발표한 바 있었고, 영남일보의 대학생 작품 지면에 작품을 발표 한 바 있었다.

문학에 대한 막연한 향수와 동경심은 생활에 도움이 되지 못함을 깨달았다. 내 인생의 길목에서 문학과 예술에 대한 상념(想念) 때문에 한때나마 고심한 바 있었다. 사회적 풍파 속에 일정한 직업 없이 문학을 한다는 공허한 생각이 뇌리를 감싸고 있음을 알았다. 수년에 걸쳐 모은 장서(藏書)를 버리려고 생각하니 눈앞이 침침하며 눈가에 이슬 같은 물방울이 솟아났다. 점심을 굶어가며 고서점에서 모은 책을 폐기하려고 하니 마음의 갈등과 번뇌가 참담한 심정이었다.

세월은 유수와 같다고 하더니 서늘한 바람이 대지를 적시는 늦가을이었다. 담벼락에 심어 둔 감나무의 잎이 우수수 떨어지는 가을 서재를 정리하는 자신을 되돌아보니 마음이 절로 서글퍼졌다. 그 많은 서적을 쓰레기장에 버리고, 탈고한 원고는 소각하며 절필하고 말았다.

오십 수년이 지난 지금 무슨 미련이 있었기에 글쓰기 하는 자신의 형상(形象)을 생각하니 인생이 요지경 같아 내 영혼(靈魂)을 북두칠성처럼 맑고 밝은 글을 담고 싶어지는 심정이 간절해진다.
(2022년 대구문학 9월호)

강기슭에서

 해 질 무렵이다. 스산한 바람이 대지를 적시는 듯하다.
 강바람이 차갑다. 밤은 깊어만 가고 바람 소리는 적막을 깨트리는 듯 요란스럽다. 강물에 내려앉은 달은 연꽃처럼 아름다움을 연출한다. 유유히 흐르는 강물은 바람결에 너울을 만들고 강물 속 달그림자는 물결 따라 춤을 추듯 넘실거린다. 맑은 강물에 주저앉은 달은 밝아오고 물결은 고요하다. 이따금 강물이 출렁거릴 때마다 달은 유영을 즐기는 듯했다.
 강둑에 우거진 갈대숲은 바람이 불 때마다 살랑거린다. 그때마다 갈대는 은빛 보석 같은 꽃씨를 바람 속으로 띄우고 있다. 일종의 종족 보존을 발아시키기 위해 바람과 함께 먼 여행길을 떠나는 듯 하늘로 치솟고 있다. 갈대꽃이 씨앗을 퍼트리는 것도 대자연의 섭리가 아닌가 싶다.

 고령교(高靈橋) 하류에는 절벽을 깎아 세운 야산이 있다. 비록 높지 않은 산이지만 뱀이 많아 뱀산으로 부르고 있다. 강 쪽 절벽 아래 낚시터는 나룻배가 없으면 접근할 수 없는 모래사장이 있었다. 누가 보아도 아찔할 만큼 험악하고 음산한 장소다. 산허리를 바위로 감싼 병풍같이 둘러싼 지점이다.

입동이 지난 야산에는 잡목이나 굴밤나무의 잎은 계절을 거슬리지 못한 채 수명을 다한 듯 바짝 마른 것을 보아 겨울을 재촉하고 있다. 찬 바람이 불 때마다 낙엽은 바스락거리며 뒹구는 소리를 내며 부스럭거린다.

강물은 아직 얼지 않아 낚시하기에는 적합했다. 그러나 해가 지고 달이 구름 속으로 자취를 감추자, 먹구름이 두둥실 뜨는 것을 보아 비라도 올 듯 예사롭지 않은 날씨다. 우중충한 기상은 오히려 물고기의 먹이 활동이 왕성해질 때다.

사십 수년이 지난 일이다. 당시 낙동강 수질은 오염되지 않아 강변의 주민들은 강물을 식수로 사용할 만큼 깨끗하고 청결했었다. 그때 그 시절이 지금 생각해 보아도 그리움이 가슴을 설레게 한다. 이미 지나간 시절을 돌이킬 수 없지만 생각하면 할수록 추억담이 물결 따라 밀물처럼 밀리어 오는 듯 상념에 잠길 때도 있다.

나는 뱀이 우글거리는 강기슭에서 주야장천 낚시를 즐긴 바 있었다. 한 주 동안 미친 듯 낚시와 씨름했든 지난 세월이 새삼스럽기도 하지만, 지금 생각하면 무모한 짓이 아니었던가 싶다. 그래도 그런 용기는 젊음이 주는 낭만적인 향수가 아니었든가 여겨진다.

사공은 나에게 이른 이야기를 했다. 뱀산에는 뱀이 많으니까 낚시터 주변에 담뱃가루를 뿌려 두면 뱀의 접근을 막을 수 있다고 귀띔해 주었다.

낚시터에는 먼저 온 낚시꾼이 반갑게 맞이해 주었다. 낚시를 즐기는 사람은 누구나 처음 보는 사람이라도 동행자를 만나면 반가움을 표시한다. 나는 모래사장에 여장을 풀고 낚시 준비를 했다. 다섯 낚싯대를 경사지게 늘어놓았다. 강물에 띄워 놓은 낚시찌에 신경을 곤두세우며 물고기가 좋아하는 미끼에 황토를 섞어 강바닥에 밑밥을 뿌렸다. 어느 낚싯바늘에 입질이 먼저 있을까 싶어 숨을 멈추며 긴장된 마음으로 초조히 기다렸다. 가장 입질이 빠른 낚시찌에 물고기가 떼를 지어 다니는 어도(漁道)임을 알 수 있기 때문이다. 한가운데 낚시찌가 수면 위로 올라오는 순간 낚싯대를 채웠다.

첫수로 월척의 떡붕어를 낚았다. 모든 낚싯대를 입질이 들어온 어도에 맞추어 투척하였다. 어쩌다가 낚싯바늘에 걸린 물고기와 힘겨루기 할 때 오는 손맛의 쾌감은 낚시꾼이 아니면 아무나 즐기지 못하는 묘미 있는 스포츠가 아니었던가 싶었다. 맑고 청청한 강가에서 자연을 벗 삼아 낚시에 몰두하는 것도 열정과 집념이 없었다면 쉬운 일이 아니었다.

밤은 점차 깊어 가고 자시(子時)가 지나자, 기온이 급강하하는 듯 매섭고 찬 기운이 온몸에 엄습했다. 전신이 오싹해졌다. 체온 유지를 위해 모닥불을 피워 놓고 커피 한잔을 하고 있을 때 뒷산에서 들여오는 부엉이 울음소리가 고요한 강기슭에 구슬프게 퍼진다.

내가 강 낚시를 하게 된 동기는 이러했다.
멀지 않아 공직에 임용되면 임지에서 낚시를 즐길 수 있는 시간이 없을 것 같았다. 평소 좋아하고 즐기던 낚시를 한없이 해보고 싶었든 충동이 자신을 강가로 내몰고 있었던 것이 아니었던가 싶다. 낙동강 지류 쪽에 외롭게 앉아 모든 번뇌를 내려놓고 오직 낚시에만 심취되어 밤을 꼬박 새운 지나간 시절이 흐르는 강물처럼 지금은 추억 속에만 머물 뿐이다.

먼동이 터지고 붉은 태양이 눈부실 때 시장기가 돌았다. 무심코 고령 대교 쪽으로 시선을 돌려보았다. 주막집 뱃사공이 뱃길을 따라 아침밥을 나룻배에 싣고 낚시터로 오고 있었다. 당시 밥 한 상에 삼백 원을 주었고 조식은 밥으로 해결하고, 중식은 빵과 우유로 하며 저녁밥은 라면으로 대체하였다.

지금도 고령 대교를 지나다 보면 하류에 있는 뱀산을 곁눈으로 훔쳐볼 때가 있다. 추억이 머문 곳이라 무심코 지나치지 않는다. 그때를 연상하면 아련한 생각이 아직도 뇌리에 머무는 듯했다.

낚시는 인간의 마음을 풍요롭게 하고 정신건강에 탁월한 효과가 있다고 정신 분석학자들은 말한다. 단순하면서도 고요함과 인내심을 동반하고 있기 때문이라 했다. 특히 정신과 의사들은 환자에 따라서 신경쇠약의 치유 방법으로 낚시를 권장하는 경우가 있다고 한다.

나는 예정된 일정을 마치고 귀갓길에 올랐다. 문득 어머님 말씀이 귓전에 맴도는 듯했다. "생목숨 살생하지 마라."라고 한 말씀이 불현듯 생각났다. 잡은 물고기를 낙동강에 방류(放流)하니 마음이 후련해졌다. 그동안 하고 싶었던 낚시를 마음껏 하고 임지로 떠나도 미련이 없을 것 같아 기분이 통쾌했다.

지금도 유유히 흐르는 강가에서 낚시찌에 시야를 놓지 않은 강태공들을 보면 그들도 가는 세월을 낚아 올릴 듯 인생무상(人生無常)을 즐기고 있는지 모른다. (2014년 대구문학 3, 4월호)

창 너머 산촌 마을

 창 너머 산촌에는 기와집이 옹기종기 산자락을 적시고 있는 것을 본다.
 산촌의 마을은 배산 입수가 좋고 양지바른 곳에 일가 친족이 집성촌을 이루며 오순도순 사는 곳을 볼 수 있다. 마을 뒤편 산에는 대나무가 무성하다. 뒤쪽에 대나무를 심어 둔 것은 선비들의 곧은 정신을 엿 볼 수 있고, 한편으로는 지진에 대한 대비책이 아닌가 싶기도 하였다.
 옛 선인들은 풍수지리학을 중요시했었다. 입지 조건이 좋은 곳을 찾아 마을을 조성하고 생활을 영위하는가 싶었다. 마을을 중심으로 백호가 발달하면 재물이 태산을 이루고, 청룡이 줄기차게 뻗으면 자손이 입신출세한다고 했다. 건너편에는 안산이 있고, 산기슭에는 맑은 물이 흘러들어오는 입지에 마을이 형성되어 있다.
 산수가 수려하고 경관(觀)이 아름다운 강변에는 운치 있는 정자를 볼 수 있다.

정자에는 옛 선비들이 도포를 걸치고 시조창을 노래하며 풍류를 즐긴 흔적이 눈에 선하기도 해진다.

집성촌은 대개 입지가 좋은 금계포란형의 형태에 마을이 형성되어 집성촌을 이루고 있다. 그들은 조상을 숭배하고 혈통과 가문이 좋은 자손이 과거에 급제한 후 정승 판서가 많이 배출되었다고 한다. 이 같은 이야기는 전설이 아닌 실화가 많이 있다. 그래서 풍수지리학은 미신이 아니고 과학적 근거를 두고 하는 이야기라고 하였다.

한국인은 음택을 선호하고 일본인은 양택을 좋아한다고 했다. 사대부 출신 문의 안방이나 사랑채에는 봉창이 없다. 다만 대청마루에는 뒷문은 있다. 불천지위(不遷之位) 제사를 모실 때는 사랑채 대청마루에서 종손을 중심으로 자손들이 함께 정중하고 엄숙한 분위기에서 신위를 모시고 참배한다.

통상 종택은 마을 중심에 있다. 주산에서 내려오는 지기(地氣)가 살아 움직이는 원기가 모이는 곳에 종택이 자리하고 있음을 알 수 있다. 건축물 구조는 미음 자형의 구조를 갖추고 있음을 본다. 대문을 들어서면 사랑채가 있고 우측에는 적은 행랑채가 있으며 건너편에는 곡간 채가 있다. 안쪽에는 내실이 있는 안채로 구성된 것을 본다. 밖에서는 내실을 볼 수 없도록 건축된 특징이 있다. 그만큼 한 집안에 종부의 자리가 위엄을 갖추고 있는지도 모를 일이다.

지금 농촌은 일손 부족으로 다문화 가정이 있겠지만, 그래도 오랜 전통을 지닌 아름다운 마을은 문향이 우러나고 전통을 살리기 위한 문화 체험 마을로 가꾸고 있음을 볼 수 있다. 전통 마을에는 문화재로 지정된 건축물과 선조가 하사한 유품이 문화재 또는 국가 보물로 지정된 것이 있다. 오백수십 년이 지난 유품을 구경하기는 쉬운 일이 아니다. 유품 관리를 위해 국가에서 유품 전시관을 만들어 관리하는 마을이 개실 마을이기도 하다. 우리 역사의 단면을 알기 위해 젊은이들의 학습 체험을 위해 현장실습을 대대적으로 하는 것도 오늘날의 실정이다.

문향이 깃든 문충세가(文忠世家) 마을도 요사이는 글 읽은 소리 대신 도시 소시민의 체험 학습장으로 분주한 날을 보내며 돈벌이도 잘하고 있다는 소문이 자자하다. 아름다운 개실 마을은 경북 고령군 쌍림면 합가 1동에 있다. 개실 마을은 정부로부터 수차 아름다운 마을로 선정되어 많은 상금도 받았고, 국가로부터 마을 가꾸기에 큰 도움을 받았다고 한다. 눈여겨볼 것도 많다. 연자방아, 물레방아, 그네뛰기, 활쏘기, 뗏목 타기, 딸기 따기, 도적 굴, 종택(문화재), 도연재(문화재), 선비들의 글방, 유품 전시관, 엿 만들기, 화살촉 던지기, 포석정, 선죽교, 소 싸움장 등 다양한 체험 학습이 되고 있다.

개실 마을이 아름다운 마을로 선정된 배경에는 무오사화를 당한 점필재(佔畢齋) 김종직(金宗直) 선생의 종택과 일선(一善) 김씨의 집성촌으로 영남 사림 학파의 조종(祖宗)이며 거유(巨儒)이시다. 선생의 제자 중 현재까지 문과에 급제자는 48명이다. 그중 장원 급제한 제자가 13명이나 된다.

15세기 후반 이들은 성종 시대를 이끌며 조선의 유교 문명을 완성하였다고 하여도 과언이 아니라는 평을 받고 있다. 제자 중 김굉필(金宏弼)과 정여창(鄭汝昌) 도학을 얻었고, 홍유순(洪裕孫)과 남효온(南孝溫)은 절개를 이어갔고, 김일손(金馹孫), 조위(曺偉)는 문장을 얻어 갔다. 학문을 닦아 문묘(文廟)에 배향된 김굉필, 정여창은 절의를 지키고, 생육신으로 추증된 김시습, 남효온은 문장과 정치로 이름을 떨친 조위, 김일손 등이 모두 선생의 제자들이다. 동방 오현의 제자로 한훤당 김굉필, 일두 정여창, 회재 이언직 등도 선생의 제자들이다.

선생은 사후 6년이 지난 후 억울한 부관참시를 당했으나 1689년(숙종 15년) 의정부 영의정으로 추증되었고, 1709년(숙종 35년) 문충공(文忠公)이라는 시호(諡號)를 받고 복권되었다. 역사를 바르게 세우려 한 올곧은 선비에게 내리는 당연한 역사적 평가였다. 조선 유학의 정맥이며 사림의 조종(祖宗)이신 선생의 유택은 현재 한뫼산 동록에 있다.

그런데 기이하게도 부관참시 후 한뫼산 자락에 이장하자, 여산 대호(如山大虎)가 날마다 무덤 옆에서 슬피 울었다고 한다. 그러던 어느 날 호랑이가 선생의 묘지 옆에 죽어 있는 것을 마을 사람들이 양지바른 곳에 장사를 지내 주었더니, 그 뒤로 이 마을에는 도둑이 들지 않았다고 한다.

후손들은 이 의호총(義虎塚)에 '인망호폐(人亡虎斃)'라는 비(碑)를 세우고 지금도 의관을 바로 하여 예(禮)를 다하고 있다. (2018년 대구의 수필)

한탄강의 절벽

 북위 38도선이 가까워지면 한탄강 물길이 유유히 흐른다.
 한탄강은 강원도 평강군 장암산 남쪽 계곡에서 발원하여 강원도 철원군, 경기도 연천군 전곡에서 임진강과 합류하는 하천이다. 27만 년 전 화산 폭발로 협곡과 절벽이 발달하었다. 현무암의 열하 분출로 화산의 용암이 110km 이상 흐르는 과정에 절벽과 주상절리대가 형성된 것은 자연환경의 변화였다. 전곡은 북위 38도선 선상이다. 읍 지역이지만 군사도시다. 군인들의 왕래가 잦은 지역이라 헌병초소와 교통 정리를 하는 헌병을 볼 수 있다. 서부 전선 전방으로 가는 길목이기도 했었다. 한탄강을 따라 거슬러 북으로 가다 보면 연천군에 도착하게 된다. 경원선 철도가 전곡읍을 지나 연천군청을 경유하면 대광리역이 나온다. 대광리역을 지나 12, 3km 가면 신탄리역 철도 중단 지점이 있다. 철마의 중단 지점에 들어서면 남과 북의 대치 사항을 실감케 하는 녹슨 철마가 시야에 들어온다.
 한탄강의 명칭 유래는 현무암과 주상절리대가 발달한 곳으로 여울이 깊어 "한 여울" "큰 여울"로 불리다가 한탄강이 되었다고 하기도 하고, 전설로는 궁예(弓裔)가 부하인 왕건에게 쫓겨 도망치다 이곳에서 흘린 눈물이 흘러 자신의 처지를 한탄했다는 설도 있다.

전곡읍에서 한탄강을 끼고 연천군 군남면 남계리로 가다 보면 기암괴석과 깎아 세운 가파른 절벽을 본다. 절벽 아래 강변에는 용암이 식혀 만든 검은 화석 돌을 보아 철원과 평강 등지에 화산 폭발이 만들어 낸 자연 현상임을 알 수 있다.

60년 초 나의 병영 생활은 연천군 일원에서 하였다. 보병도 아닌 포병 병과를 받고 의정부 101 보충대에서 입대 동기생 18명이 트럭 2대에 편성 전방으로 가는 길에 한탄강의 절벽을 보고 감탄과 두려움을 느낀 적이 있었다. 허허벌판의 비포장도로를 질주하는 동안 한탄강의 자연현상을 눈여겨보고 자연이 만들 낸 풍경에 감탄한 바 있었다.

인간은 자연환경에 순응하며 삶을 영위하는 것이 순리가 아닐까 싶기도 했었다. 연천군은 한겨울에 몹시 추운 지방이다. 영하 40도를 오르내린다. 문고리를 잡으면 손이 문고리에 달라붙기도 했었다. 지금 생각만 하여도 어떻게 군 복무를 마친 지 의아스럽기도 하다. 그래서 그런지 몰라도 지난 그 시절이 그립기도 해 진다. 많은 세월이 지난 지금에 자신이 병영 생활을 하였던 연천군 일원을 돌아보고 싶었지만, 아직 가 보지 못한 것이 몹시 아쉽기도 하며 지금은 아련한 추억 속에만 머물고 있을 뿐이다.

한밤중이 되면 북쪽에서 은은히 들려오는 대남 방송은 국군 장병이 고향을 그리게 하며 사기를 저하하는 방송이 선명히 들리기도 하였다. 최전방과 무려 16km 후방인데도 대남 방송은 고요하고 달 밝은 밤이 되면 초병들의 마음을 흔들기도 했었다. 남정네는 누구나 그 옛날 병영 생활이 아름다운 추억처럼 오랫동안 기억에서 사라지지 않은 것은 고생한 탓인지도 모른다.

한탄강을 따라 북으로 가다 보면 넓은 평야가 시야에 들어온다.

남계리에서 구불구불한 도로를 따라 산골길을 2km쯤 들어가면 OO 포병 대대 본부가 있었다. 대대 본부에는 인사, 정보, 작전, 군수 부처가 있었고, 북쪽 산 아래는 알파, 브라보, 차리라는 3개 전포 중대의 155m 곡사포 진지가 있었다.

 5·16혁명 직후라 전포 중대의 막사는 현대식 막사였지만, 대대 본부 막사는 토담으로 만든 토담집으로 전기도 없는 굴속같이 캄캄한 내무반이었다. 토담 막사 한 동에 4개 부처 병사의 숙소이기도 했었다.

 한탄강은 포천시와 연천군으로 흘러 전곡 두물머리에서 임진강과 합류한다. 더욱이 한탄강의 기암괴석과 절벽은 지질 공원으로 유명하다. 지질 지형학으로 보아 화산 활동으로 화산지형(현무암)이 발달하였고, 용암 대지 형성과 이를 이용한 선사 시대 문화가 발달하였다. 기암괴석과 절벽이나 폭포는 용암 분출로 인한 하천의 유로 변화로 형성되었다. 포천시는 한탄강 지질 공원을 유네스코 등록을 위해 세계 지질공원 인증을 위해 노력 중이다.

 6·25 동란 때 한탄강 주변의 넓은 철원평야를 국군에 빼앗겨 김일성이 한없이 울어서 한탄강이 되었다는 설도 있다고 한다. 한탄강의 기암괴석과 가파른 절벽이 화산으로 인한 용암이 만들어 낸 천혜(天惠)의 지형이 국가 지질공원으로 선정된 것을 보아 우리의 고대사를 보는 것 같았다. (2018년 이후문학)

주목

주목은 고산지대에서 자란다.

태백산이나 소백산의 9부 능선에 오르면 주목을 볼 수 있다. 주목은 야산에서는 볼 수 없다. 고산지대에 올라야만 벼락 맞은 주목을 구경할 수 있다. 백두대간을 따라 태백산 정상이 가까워지면 주목 군락지를 본다. 나무껍질은 적갈색을 띠며 나뭇가지가 창날처럼 날카롭게 하늘을 향하고 있다. 벼락 맞은 주목이나 대추나무로 도장을 새기면 귀신을 쫓는다고 한다. 누구나 벼락 맞은 나무로 도장 새기기를 좋아하는가 싶다. 그래서 사람들은 주목을 선호하는지도 모른다. 주목은 살아서도 천년을 살고, 죽어서도 천년을 산다는 이야기가 있다.

언젠가 주목을 보기 위해 눈 덮인 겨울 산행을 한 바 있었다. 마침 태백산 눈꽃 축제로 인산인해를 이루었을 때였다. 무릎까지 쌓인 눈길을 앞사람의 뒤를 따라 산행하였다. 오직 사람의 발자취만 따랐다. 그렇지 않으면 수북하게 쌓인 눈길을 헤치며 걷기에는 무척 힘이 들었다. 오를 때 힘은 들었지만, 시야는 언제나 즐거웠다. 설경에 쌓인 산야가 한 폭의 동양화처럼 아름다움에 도취 되어 감탄사가 여기저기에서 절로 나오는 소리를 듣는다.

오솔길을 따라 눈을 밟으며 정상을 향하는 일행들은 무릎까지 쌓인 설경에 심취(心醉)한 듯 환호성을 지르기도 한다. 걸음을 옮길 때마다 발밑에 뽀드득거리는 눈 울음소리를 들으며 가쁜 숨을 쉬면서 입에서 뿜어내는 김이 어느새 물안개처럼 피어오르기도 했다. 머리와 이마에서 흐르는 땀은 모자를 적신 땀방울은 눈보라에 고드름이 되어 주렁주렁해진다. 그러면서도 얼굴색은 석양에 물 드린 노을처럼 붉게 물들어 갔다. 설경은 인간을 풍요롭게 하는 듯 마음이 즐거워진다. 산행하는 사람은 자연을 통하여 새로운 삶의 의미를 찾고 충전의 기회를 만들기도 한다. 영하 20도 이상 되는 차디찬 엄동설한에 눈 덮인 산을 산행한다는 것은 쉬운 일은 아니다.

눈 쌓인 산야는 고요하고 대자연은 순결했다. 인간은 자연환경 속에 새로운 삶을 배우고 익혀가면서 순리대로 사는 것이 자연법칙인지 모른다. 누구나 자연에 동화(同化)되면 순결해진다. 유산소 운동을 통하여 폐도 정화하고 체내의 노폐물도 배출하면서 삶의 의욕을 느낀다. 많은 사람이 산행을 즐기는 것도 건강관리를 위하는 것도 어제오늘이 아니고 이제는 생활화된 듯싶다. 한동안 설경과 벗이 되어 눈길을 걷다 보면 온몸에 땀으로 범벅이 된다. 매혹한 추위에도 추운 줄 모르고 한발 두발 옮기며 정상을 향하는 산행인의 걷는 모습이 거미줄처럼 이어져 갔다. 인간이 자연에 동화되면 서기 어린 눈바람도 사람을 피해 가는지 추운 줄 모른다. 오르다가 힘이 들면 잠시 쉬는 동안 일행과 추억어린 옛이야기도 나누며 충전의 기회를 얻기도 한다. 산행은 하면 할수록 시야가 즐겁고 마음이 포근해 짐을 느낀다.

사진작가는 작품 사진을 촬영하기 위해 일출이나 일몰 장면을 잡기 위해 일박을 하면서도 그 순간을 놓치지 않기 위해 잠을 설친다고 한다. 저녁노을에 붉게 물든 석양이나 태양이 이글거리는 일출 장면을 촬영하기 위해 무한히 애를 쓴다고 한다.

주목은 높고 험준한 고산지대에서 자란다. 수많은 등산객이 산행을 하면서도 주목에 접근하거나 나뭇가지를 꺾는 사람을 볼 수 없다. 왜 그럴까? 벼락 맞은 나무에 목신이라도 붙어 있을까 싶어 그런지 가까이 접근하지 않는다. 한국인의 토속 신앙 숭배로 주목에 대한 호기심과 애착심은 있어도 함부로 접근하지 않는 모양새다. 그렇지 않으면 많이 훼손되었을 텐데 원형을 유지하는 것을 보아 주목은 살아서도 천 년을 살고, 죽어서도 천 년을 산다는 이야기가 속설은 아닌 듯했다.

늦가을 시조 할아버지 시제에 참석하였다가 도장장이 행상을 만났다. 벼락 맞은 주목이나 대추나무로 도장을 새기면 재수가 좋다고 설파하며 사람들의 시선을 끌어모으고 있었다. 벼락 맞은 나무는 희귀한 것도 사실이다. 소중한 물건을 몸에 지니면 부척처럼 액운을 쫓아낸다고 선동하고 있었다.

마침 벼락 맞은 대추나무로 도장을 새기기로 결심했다. 새겨둔 도장을 만져 보았더니 나무의 색깔도 특이하고, 무게도 무직하며 색상도 좋아 보였다. 가격도 저렴하여 현지에서 이만 원을 주고 도장을 새겼다. 지금까지 살아오면서 여러 개의 도장을 소장하고 있지만 그래도 벼락 맞은 대추나무로 이름을 새긴 도장에 정감을 느끼고 있다. 도장을 사용하고 도장집 가까이하면 어떤 힘의 작용인지 모르나 뚜껑 속으로 도장이 저절로 빨리어 들어가는 것을 느낀다. 색상도 시중에서 쉽게 찾기 어렵고, 무엇보다 단단하고 용무늬가 좋아 아끼며 정이 가는 도장이 되었다.

정말 벼락 맞은 대추나무나 주목은 알 수 없는 영역을 가졌는지 모른다. 살아서 천 년을 살고, 죽어서도 천 년을 산다고 하니 인간이 함부로 주목에 근접하지 않은 것도 목신이 노할까 싶어 그른지도 모를 일이다. 벼락을 맞고서도 그 많은 세월을 비바람과 설한풍에도 썩지 않고 우직하게 곧은 자태를 보면 자연의 신비스러운 것을 느끼지 않을 수 없다.

지금도 시골의 동구 밖 초입에 수백 년 된 고목을 가꾸며 토속 신앙인 목신을 숭배하는 것을 볼 때 벼락 맞은 나무에 신앙심을 가지는 것은 어쩔 수 없는가 싶어 쓸쓸한 마음이 들기도 하였다.
(2017년 대구펜 17호)

가시 꽃

봄은 생동의 계절이다. 화창한 봄이다. 봄기운이 감도는 계절이면 여인들은 화장을 즐긴다. 화장술에 따라 여인의 아름다움이 창조되나 싶다. 미(美)를 추구하는 것은 여인의 본능인지도 모른다. 새로운 미를 창조하는 화장술은 보기만 하여도 즐겁다. 여인은 시류에 따라 조상으로부터 물려받은 신선(神仙)한 몸에 성형 수술도 마다하지 않는 것이 현실이기도 하다.

피부색이 미색이고, 인물이 추출한 여인은 어디서나 주시(注視)를 받는다. 그렇다 하다 보니 코를 세우고, 눈에는 쌍꺼풀을 넣으며 볼에는 보조개를 만들어 본래의 얼굴 모양이 전혀 다른 사람으로 착각할 만큼 변신의 재주를 부린다. 변신의 귀재는 여성이 아닌가 싶다.

옛말에 인물이 잘나면 사주팔자가 사납다고 했는데 현실은 그렇지 못한 듯했다. 손톱과 발톱에 화장하고 발목에는 발목 거리를 채우는 것은 어찌 보면 남의 시선을 끌기 위한 술수인지 모른다. 긴 손톱에는 진한 매니큐어에 반짝거리는 화장술도 찬란하다. 인물이 미색이고 개성이 뚜렷한 여인일수록 아집과 고집이 세다. 일종의 자존심이다. 그 고집은 손톱 밑의 가시처럼 깊이 박혀 뭇 남성들의 선호 대상인인지도 모른다.

 작금의 젊은 세대는 가시 꽃의 말에 순종하며 훈련이 잘 숙련되어 간다고 한다. 시대 흐름과 환경변화에 역류할 수 없는 것이 현실로 다가오는 듯하다. 고령화 시대에 젊은 부부는 친구처럼 연인처럼 생활을 공유하고 싶어 한다. 젊은 세대일수록 가시 꽃이 싫어하는 일을 하지 않는 것이 현 추세다. 주말이면 온 가족이 여행을 다니면서 먹거리를 찾아 삶을 즐긴다고 한다.

 조선 시대 유교 문화가 번창할 때 여인들은 소박맞은 일이 있었지만, 작금에 시대 변천에 따라 고령화 사회에 홀로 사는 가정이 허다하다고 한다. 아무리 세상이 변하고 시류에 따른다고 하지만, 남성의 자화상이 참담해 보이는 듯 서글픈 생각이 들기도 한다. 사회가 다변화되고 양성평등 사회에 여성의 사회 참여도가 높아졌고 위상이 좋아진 탓도 있겠지만, 그래서 남아(男兒) 선호도의 풍속도가 점차 변해 가고 있는 듯했다. 근간의 우리 사회 단면을 보면 딸을 둔 부모는 항상 표정이 밝아 보이고, 아들을 둔 어머니의 표정은 어두워 보인다고 한다.

 지하철의 경로석이나 엘리베이터 안의 풍속도가 말을 잘해 주고 있다. 딸자식을 둔 부모는 국내외로 여행하면서 노년을 즐기지만,

못난 아들을 둔 어머니는 기초 생활비라도 좀 모았다 싶으면 아들이 찾아와 생활이 어렵다고 보채면 적은 돈이지만, 주지 않을 수 없는 처지라고 하소연하고 있다. 그래서 딸을 슬하에 둔 부모는 금메달감이라고 하고, 아들 형제를 거닐든 어머니는 목을 조이는 목 메달을 걸고 다닌다는 이야기가 시중에 은어처럼 번지고 있다.

슬하에 딸자식을 둔 부모는 삶의 행복감을 느끼기에 충만하다고 한다. 부모는 어느 자식이라도 사랑이 머물지 않은 자식은 없다고 한다. 손톱 밑에 박힌 가시는 뽑아 버리면 그만이겠지만, 마음속에 깊이 박힌 가시 꽃은 뽑을 수도 없거니와 뽑히지도 않는다.

어느 가정이나 조상님의 유훈을 지킬 수 있는 것도 그 집안의 가시 꽃 덕분이라 생각하면 감사한 마음을 느끼지 않을 수 없다. 세월은 유수와 같다 하더니 나 또한 가시 꽃과 인연을 맺은 지 벌써 50수년이란 세월 동고동락을 같이한 처지다. 벌써 고희가 지난 지도 십 년이 지났다. 이제 내 곁에는 가시 꽃밖에 아무도 없다. 어쩌다가 주말이나 연휴가 되면 손자 손녀를 볼 수 있지만, 항상 나를 보살펴 주는 사람은 호박꽃 같은 가시 꽃뿐이다. 노년기에 건강관리를 위해 애쓰는 사람도 가시 꽃뿐이다.

자식도 성장 후 일가를 창립하거나 출가하는 것도 가시 꽃이 없었더라면 불가능한 일이 아닌가 생각된다. 내 마음속의 가시 꽃은 내 삶의 자산이기도 했었다. 가시 꽃은 봄을 맞아 생동감에 활기차다. 산천은 연초록 물결로 늠실거리고 매화 향기 가득한 들녘에는 봄을 즐기는 사람들로 웅성거린다. 봄 향기 가득한 풍요로운 꽃길을 즐길 수 있는 것도 봄의 향연이 아닌가 싶다.

정녕 내 마음의 가시 꽃을 영원히 뽑지 못할 꽃인지도 모른다. 오늘날까지 나에 대한 인생의 동반자로 내 영혼을 지켜 줄 꽃이 아닐까 싶다. 가슴 깊이 묻어 둔 그 가시 꽃을 뽑고 싶지 않은 것이 작금(昨今)의 내 심정인지도 모른다. (2020년 대구 기독문학 16호)

4부

소금 같은 사람

소금 같은 사람
추억 속에 머물다
자주국방은 핵보유국이다
지진파
저승 문턱
한훤당 김굉필과 스승 문충공(점필재) 김종직 선생
손전화기는 경제학이다
그때 그 사람
사랑의 여운
오해는 상처를 만들다
불보 사찰 통도사

소금 같은 사람

졸업식 날이었다.

원로 하신 총동창회장님의 축사 말씀 가운데 졸업생 여러분은 사회에 나가면 소금 같은 사람이 되어야 한다고 하셨다. 소금은 썩지도 않고 변하지도 않는 것처럼 여러분이 사회 구성원이 되어 소금과 같은 생활을 할 때 개인이나 나라 발전에 밑거름이 되어야 한다는 간곡한 당부의 말씀이 생각난다.

수많은 세월이 강물처럼 흘러갔지만, 아직도 그 말씀이 잊히지 않은 것을 보면 의미심장한 뜻깊은 감명이 되살아나는 듯했다. 미묘 복잡한 산업사회에 소금과 같이 정직한 사람이 많으면 많을수록 우리 사회는 풍요로운 세상이 아닐까 싶다.

사람이 살아가는 데 없어서는 안 되는 것도 소금이다. 가정에서 일 년 농사인 장을 담그거나 김장을 하더라도 소금이 없으면 안 된다. 소금은 인류가 멸망하지 않은 한, 꼭 필요한 것이 소금인가 싶다. 소금은 정직하며 변질하지 않는다. 소금은 언제 어디서든지 자기 몫을 충실히 하며 생을 마감하는 것을 볼 때 사회 구성원 개개인도 소금처럼 결백하고 투명하다면 사람 사는 맛이 있을 것 같다.

어떤 사람은 살아생전에 앞만 보고 질주하는가 하면 또 다른 한 사람은 앞뒤와 옆을 살피면서 생업에 종사하는 삶을 볼 수 있었다. 앞만 보고 뚜벅뚜벅 걷은 사람은 자기 가족만 생각할 줄 알지만, 이웃은 도외시하는 삶을 살았다. 오직 자기가 하는 일에만 열중하다 보니 가정은 풍요로울지 모르나 이웃은 전연 모른 체 돈만 모으는 데 열중하는 삶을 살다가 세상을 떠나는 사람이 있었다.

그 사람은 일본에서 출생하여 유리를 가공하는 기술을 배웠다가 해방이 된 후 단신으로 귀국하였다. 유리 가공에 관한 기술은 남보다 뛰어난 기술을 소유하고 있다 보니 항상 남들보다 일거리 주문이 많았다. 팔순이 되어도 일을 손에서 놓을 줄 몰랐다. 일만 하다가 벌어 놓은 돈도 한번 제대로 써 보지도 못하고 차량 위에서 작업하다가 떨어져 뇌진탕으로 절명하고 말았다. 한 평상 고생만 하다가 편히 쉬어 보지도 못하고 생을 마감한 H 노인의 삶이 쓸쓸 했다. 구두쇠처럼 억척같이 살아왔지만, 인생의 마지막 길이 삭막한 것 같아 안타까울 뿐이다.

노 선배가 졸업식장에서 '소금과 같은 사람'이 되라고 당부한 말씀이 우리의 가슴에 녹아들면 어떨까 생각해 보았다. 사람은 누구나 언제 어떤 분야에 종사하더라도 부패하지 않고 정의롭고 슬기롭게 삶을 살아야 한다는 축사의 한 말씀이 내 인생의 지표가 되었는지도 모르겠다. 그래서 그런지 나는 공사 생활을 통하여 의롭지 못한 일에는 눈길을 주지 않고 살아왔는지 모른다.

세상사는 별의별 사건 사고도 잦다. 그들이 소금과 같은 생각을 가진다면 세상은 더욱더 즐겁고 투명한 세상이 아닐까 싶다. 지금 우리 사회는 너무나 병든 곳이 많다. 윗물이 맑아야 아래 물이 맑다는 속담이 있는 것처럼 병든 구석이 많아 구역질이 날 지경이다.

옛날 어린아이가 오줌을 가리지 못하고 오줌을 싸면 키를 씌우고 마을을 돌리면 오줌을 쌌구나 싶어 키에 소금을 뿌린 풍속이 있었다. 요사이도 장삿집에 재수가 없으면 출입문 입구에 소금을 뿌린 것을 간혹 볼 수 있다. 아마 재수가 없는 날에 소금을 뿌리면 좋은 일을 바라는 뜻이 아닌가 싶다. 그만큼 소금은 인간과 불가결의 관계가 깊은 듯했다.

정녕 우리 사회는 소금이 있어야 하는 곳이 많다. 부정과 부패한 곳에 소금으로 간을 해 두면 부패하지 않을 수 있을까 싶어서, 우리네 정치권에는 사이비 종교에 세뇌된 영혼이 샤머니즘에 빠져 국정이 농락당하고, 전 국민의 분노가 표출되어 나라 안팎이 시끌벅적하다. 하물며 고위 공직자나 정부 투자기관의 임원이 부패한 것을 보아 한심하기 짝이 없다. 어쩌다가 부패 공화국이 되었는지 모르겠다. 정치인은 지역구를 관리하자면 '돈이 사람 몸에 피와 같다'라고 하였다. 그러하다 보니 조직을 관리하자면 돈을 생각하지 않을 수 없었다고 한다. 하물며 정당후원회에 직함이라도 가지고 있으면 지구당 위원장을 돕기 위해 연간 수백만 원의 후원금을 내어야 했었다. 그리고 민원 사항이 있으면 해결해 달라고 요청도 하고 있다. 그 속에는 부정이나 부패가 없을 수 없었다. 특히 건설업이나 큰 사업을 하는 경영자는 여·야를 불문하고 정당 행사 때마다 후원금을 내지 않으면 괘씸죄로 세무사찰을 받았다고 한다.

현시점에 소금이 꼭 필요한 곳이 있다면 명색이 지도층이라고 자부하는 부류에 소금이 있어야 할 것 같다. (2019년 대구문학 3월호)

추억 속에 머물다

오십 수년 전의 일이다.

징집영장을 받고 입대를 기다리는 중 5·16쿠데타가 일어났다. 당시 문학청년 시절 6·25 동란으로 정전 협정 후 전선 상황이 몹시 궁금했을 때, ROTC로 입대한 친구로부터 편지 한 통이 왔었다. 그 친구는 최전방에서 전우를 상대로 태권도 교관을 하며 군 복무를 하고 있었다. 편지 내용인즉 최전방은 문학도에 소설의 소재가 많으니 입대하더라도 최전방 근무를 지원하라는 내용이었다.

막상 육군에 입대하여 논산 훈련소 30연대에서 혹독한 훈련을 6주간 받았지만, 3보 이상 승차하는 포병 병과를 받고 실망이 컸었다. 그러나 어쩔 수 없었다. 논산 훈련소에서는 가장 군기가 엄하고 사열이나 분열 사격 등에 항상 1등을 하는 연대가 30연대로 악명으로 유명했었다. 교육장도 가장 멀어 학과 출장 때는 국과 밥이 어디로 들어가는지도 모를 만큼 다급했었다. 밥알을 씹을 여가도 없이 식기에 말아 마시지 않으면 한 끼 식사도 제대로 하지 못하고 학과 출장을 해야만 하는 실정이었다. 그렇지만 대한의 남아로 태어나 군사 훈련을 받은 자신을 되돌아볼 때 보람 있고 국민의 신선한 국방의 의무를 다한다는 자부심을 느끼기에 충만하였다.

막상 논산 훈련소에서 기본적인 군사 훈련을 마치고 이등병 계급장이 달린 군복으로 갈아입고, 대구에서 입대한 18명의 전우가 밤 열차를 타고 인솔 부사관과 함께 보충대를 향해 열차에 올랐다. 어둠을 헤치고 기적 소리를 울리며 달리든 열차는 새벽녘이 되어 용산역에 도착했다. 역사에는 군복을 입은 신병들로 가득했다. 용산역에는 기초 군사 훈련을 받은 신병들이 전방으로 가기 위한 집결지로서 동부전선과 서부 전선으로 병력을 수급하는 장소이기도 했다.

동기생 18명은 서부 전선 101 보충대 명을 받고 열차에 승차하였다. 반나절이 되지 않아 의정부에 있는 101 보충대에 도착했다. 입대 후 잠시나마 자유로운 시간이 주어졌다. PX에서 위스키도 한 잔하며 어느 부대로 팔려 갈지 초조한 마음으로 하루를 보냈다. 날이 밝아지자, 주 부식을 배급받고, 인사 기록 카드를 받아 두 대의 추력에 9명씩 승차하라는 명령이 떨어졌다. 우리는 군가를 부르며 부대 위치도 모르면서 북녘을 향해 달였다. 군용 추력은 먼지를 풍기며 북쪽을 향해 질주해 갔다. 의정부에서 출발하여 동두천을 지나 연천군 전곡으로 향하는 길가에 민가가 간혹 한 채씩 있었다. 전후의 참담함을 느끼지 않을 수 없었다. 비포장도로에는 미군용 차량과 탱크가 흙먼지를 풍기며 지나갈 뿐 사람 구경하기가 힘들었다. 정오가 가까워지자 38도 선이란 경계 표지판이 선 베이비스교 입구에 도착했다. 표지판을 보고 여기서부터 전방이 가까워져 옴을 느꼈다. 다리를 건너니 민가 한 채가 있었는데 알고 보니 주막집이었다. 일행은 주 부식을 주막집에 다 주면서 중식과 술을 달라고 물물 교환을 요구하였다.

입대 후 50여 일 만에 민가에서 술과 밥을 먹기에는 처음이라 모두가 거나하게 술에 취한 채 승차하였다. 전곡 삼거리에 들어서니 헌병이 교통 정리와 장병들에 대해 검문검색을 하고 있었다. 우리 일행은 한탄강 줄기를 따라 북으로 질주했다. 가는 도중 한탄강의 절벽만이 말없이 우뚝 서 있고, 강물은 유유히 흐를 뿐이었다. 정말 휴가를 보내 준다고 할지라도 어디로 가야만 될지 모르는 어둡고 암담한 생각이 뇌리를 스치는 듯했다. 가도 가도 끝없는 벌판과 산야만이 즐비하고 사람이 거처하는 흔적을 볼 수 없었다.

우리 일행은 군가를 소리 높이 부르며 산골짜기를 향해 질주해 갔다. 갑자기 차량이 멈추었다. 부대 위병소 앞이었다. 위병소 건물은 위장망을 시우고 총기를 휴대한 채 비상근무 상태이었다. 그때야 전방 상황이 좋지 않아 비상이 걸린 것을 알았다. 그것도 모르고 술에 취한 채 군가를 부른 신병이 애처롭게 생각되었는지 기합은 받지 않고 위병소를 통과하여 영내로 갈 수 있었다. 000 부대 대대 인사과 앞에 집결했다. 선임 중사 계급장을 단 사람이 인사 기록 카드를 회수하고 주 부식을 내어놓으라고 하였지만, 우리는 묵묵부답했더니 저녁밥은 없다고 하였다. 선임 중사는 인사 기록 카드를 일일이 검토하더니 IQ가 높은 나와 경북 대학생 K를 호명하고 나머지 병사는 전 포 중대에 배속 명을 하였다.

일행 18명은 이튿날부터 전 포 중대에서 포병 교육을 6주간 받게 되었다. 155mm 곡사포 진지에서 포를 닦고 포 방열과 포탄 장전 및 사수가 대포를 쏘는 방법이며 포의 탄착점 등에 대한 교육을 6주간 이수하였다. 나와 K 동기생은 대대 인사과로 복귀했다. 본인은 장교계와 상벌계 조수로 K 동기생은 사병계 조수로 보직을 받았다.

000포병 대대는 6군단 직할 포병부대로 제1군 사령부의 작전 명령을 받아 전방 4개 사단의 화력을 지원하는 포병으로 한국군의 장비로서는 가장 큰 대포이기도 하였다.

산중에 있는 내무반 막사는 전기가 없는 굴속 같았고 비위생적이었다. 연탄 가루를 물에 혼합하여 뺏치가의 열기로 내무반을 따뜻하게 하는 막사였다. K와 나는 졸병이라 영하 30도가 오르내리는 한

겨울에 가장 먼저 기상하여 태극기를 게양하고 사무실 청소와 선임자의 세수 물을 따뜻하게 하는 것이 일과의 시작이었다.

그해는 얼마나 추웠는지 문고리를 잡으면 손이 문고리에 척척 붙은 차디찬 겨울에도 내복을 입지 않아도 추운 줄 몰랐다. 당시 군 생활을 지금도 생각하면 젊은 시절의 아름다운 추억이 아니었던가 싶다. 5·16쿠데타 직후라 부식은 정량이 나와 배고픈 일은 없었다. 비록 병영 생활에서도 크리스마스는 즐거웠다. 그때는 특식이라 하여 소고기가 많이 나왔다. 우리 두 사람은 졸병이라 배고플 테니 소고기를 많이 먹게 하여 소고기에 취해 전신이 부어오르는 일이 생겨 의무대에 입원한 일이 있었다. 의무대에서 치료가 되지 않으면 후송 가야 할 처지에 민간요법으로 병을 고친 바 있었는데 소고기에 취해 몸이 뚱뚱 부어 올릴 때 배를 많이 먹었다. 그 후 몸의 부위가 빠지는 지난 일을 생각하면 할수록 우습기도 해진다.

병영 생활을 하면서 주말이 되면 외출과 외박도 있었다. 일요일이 되면 전곡 극장에는 한명숙 가수의 '노란 싸서 입은 사나이'가 유행이었다. 귀대할 때 한탄강 다리에서 내려 본 푸른 강물은 유유히 임진강으로 흐르고 있지만, 기차는 대광리역에 멈춘 녹슨 기찻길이 된 것을 보았다. 분단된 조국의 근대사를 보는 것이 안타까운 마음이 애절해진다.

첫 휴가를 8개월 만에 받았다. 귀향 열차에서 잠이 들어 지난날의 일이 파노라마처럼 이어졌다. 입대하기 전 동짓달에 낙동강 뱀산 아래에서 일 주간 주야로 낚시를 한 생각이 새삼스럽게 회상되었다. 또한 내가 복무 중인 부대의 부대장과 군단포 사령관이 낚시를 좋아해 일요일이 되면 임진강으로 낚시를 떠났다. 임진강이나 연천군의 백학에서 배를 띄어 놓고 낚시를 즐기는 모습과 내가 입대하기 전 낙동강에서 즐기던 낚시 영상이 겹치는 듯했다.

귀대 날짜가 가까워지자, 대구 중구 대신동 낚시점에서 낚싯바늘 10불을 매입하여 귀대하였다. 마침 일요일이라 저는 전곡극장에 가고, 부대장 김 중령과 군단포 사령관 한 대령은 임진강에 낚시하러 갔었다. 당시 사단에서는 신변 보호를 위해 1개 소대 경계 병력을 배치하였고, 오후 두 시경에 군단장과 합류키로 되어 있었다. 그러나 현지에 군단장이 도착했을 때 김 중령과 한 대령이 보이지 않았다. 혹시 북괴에 납치되지 않았나 싶어 X군 단 산하 비상사태가 떨어졌다.

외출했다가 귀대하였더니 군의관은 꼭 영내 대기하라는 명령이 군단사령부로부터 하달된 것으로 보아 심상치 않은 상태였다.

나중에 알고 보니 강변에서 낚시하다가 오후가 되어 낚시가 잘되지 않았다. 한 대령은 임진강을 도강하여 낚시하였고, 낚시가 잘되는 한 대령을 본 김 중령이 임진강을 도강하다가 강물에 빠지고 말았다. 그 순간을 목격한 한 대령이 부하인 김 중령을 구출하기 위해 갑자기 강물에 몸을 던진 것이 심장마비로 사망하고 말았다. 이틀이 지난 후 중앙지 신문마다 고급 장교 두 사람이 임진강에서 낚시하다가 한 사람은 순직하였고, 김 중령은 익사했다는 보도가 있었다. 두 사람 모두가 유능한 장교로서 한 대령은 군단포 사령관으로 장성 진급이 확정된 안타까운 사연이 주마등처럼 생각나는 듯했다.
(2017년 영남문학 겨울호)

자주국방은 핵보유국이다

 국내에는 사드 문제로 갑론을박으로 혼란스럽다.
 대한민국의 국익과 안보를 위해 사드 배치가 필요하지만, 중국은 내정 간섭과 한국문화와 기업에 대한 불이익을 넘어 보복하는 실정이다. 국내에서도 사드 문제로 인한 국론이 분열되는 안타까운 일이 빈번해졌다. 그 중심에는 자유 민주 체제를 부정하고 북괴의 전략 전술에 동조하며 국가를 전복하겠다는 불순 세력이 주민을 선전선동하고 있기 때문이다.
 남·북이 이데올로기 갈등과 정치 문화로 대치 상태에서 북괴는 인류 사회에 위험스러운 핵 개발을 멈추지 않고 있다. 오히려 핵을 소형화 다변화를 꽤 하는 실정이다. 5,000만 한국인은 머리 위에 핵을 두고 불안감을 감추지 못하는 것도 현실적인 이야기다. 북은 걸핏하면 서울을 불바다로 만든다고 종종 협박하고 있는 처지다.
 정부에서는 적십자 회담이나 이산가족 상봉을 요구하지만, 북괴는 아무런 반응이 없고, 오히려 미국과의 입씨름으로 인류 사회에 공포

감을 조성하고 있는 처지이다.

　남·북의 대화는 대등한 입장에서 대화할 수 있다. 예를 들면 인도나, 파키스탄, 중국 등이 핵을 보유하고 있기 때문에 큰 분쟁은 일어나지 않고 있다. 핵전쟁이 일어나면 서로가 공멸하기 때문에 전쟁 분위기를 느끼지 않는다. 그래서 우리 정치권에서도 핵 보유에 대한 필요성을 느끼고 있다. 원자력 핵잠수함 개발이나 미군의 전략무기를 한반도 배치 문제가 이따금 거론되고 있다.

　만약 북미의 대화가 지속하면 북괴는 한반도에서 미군 철수를 요구하며 한미동맹 해체를 의제로 상정하리라 본다. 유엔에서 북괴에 대한 경제적 압박과 자금줄을 차단하더라도 북괴는 절대로 핵을 포기하지 않는다. 비록 초근목피로 연명하는 한이 있더라도 북은 핵을 절대로 포기하지 않은 것이 전략 전술이기 때문이다.

　미국이 중국을 통하여 북한의 핵무기를 포기토록 종용하지만, 북한은 체제 유지와 국가 존립을 위해서 포기할 수 있는 처지가 아니지 않겠는가? 현재 미·소간에 보유하고 있는 핵무기만 하더라도 지구를 몇 번이나 멸망시킬 수 있는 가공할 무기가 산재해 있다. 중국이 북한의 핵무기나 수소폭탄 시험을 중단시킬 수 없다면 한국과 일본에 대한 핵 개발을 허용하겠다는 외신 보도가 있는 것을 보아 동북아시아에 핵 도미노 현상이 우려되는 바 없지 않다.

　우리 정부가 베트남 파병(1965년~1973년) 때 미국 닉슨 대통령은 1965년 7월 25일 괌에서 대외 안전 보장책의 하나로 강대국의 핵에 대한 위협의 경우를 제외하고는 "아시아의 방위는 아시아인의 힘으로 한다."라고 닉슨 독트린을 발표한 바 있었다. 미국도 국익을 위해 1971년 6월 군산에 주둔한 미 제7사단 병력 2만 명을 한국군이 베트남 파병 중에 철군하였다. 이 같은 선례를 보아 미국을 철석같이 믿을 것이 아니고 우리 스스로가 자주국방에 대비하는 것이 옳을 것 같다.

　우리는 원자재를 수입하여 가공한 제품을 수출하는 무역국에

NPT를 탈퇴하면 경제적 압박으로 수출업에 어려움이 예상되지만, 국민의 단결된 마음으로 위기 극복을 위한 시대정신이 요구되는 바이다.

　남북이 첨예한 대립 속에 문제 해결을 위해서는 한국도 부득이 핵 개발이 요구되는 것도 어쩔 수 없는 현실이 아니겠는가? 우리가 핵을 보유했을 때는 남북 간의 대화는 동등한 입장에서 순조롭게 이루어지리라 본다. 국내 과학자의 말에 의하면 몇 개월이면 한국도 핵 보유를 할 수 있다고 한다. 다만 핵을 평화적으로 이용하고, 대화 분위기가 조성되면 핵을 남북이 동시에 폐기하고, 신흥 아시아의 핵이 모두 제거되면 북한도 인민 민주 체제 아래 자유 시장 경제 정책을 도입할 때 남북 간에 자유로운 왕래로 평화 유지가 가능해진다. 중국의 덩샤오핑이 도입한 사회주의 국가에 개혁 개방으로 오늘날의 중국처럼 정책을 개발한다면 북한도 번영의 길로 인한 자유와 민주화를 추구하는 통일된 대한민국의 길이 열리지 않을까 싶어진다. (2017년 10월 31일 경우신문)

지진파

　한국 국토의 지질은 대규모의 활성 단층으로 형성되어 있다.
　지진은 내부의 급격한 변화로 말미암아 지면이 일정 기간 진동하는 현상을 말한다. 지진이 잘 일어나거나 일어나기 쉬운 띠 모양의 지역을 지진대로 본다. 진앙지가 지면에서 멀리 떨어진 바다 깊숙이 일어나더니 이제는 내륙에서 자주 일어나는 것을 보아 대다수 국민도 이구동성으로 우리나라도 지진 안전지대가 아니라고 생각하는 것 같다. 갈수록 지진의 강도가 심한 것을 보아 철저한 대비책이 있어야 하겠다. 자연재해로 오는 지진으로 인명과 막대한 재산 손실이 오는 천재지변을 막을 수는 없겠지만, 피해를 줄이기 위해서는 대비는 해야만 할 것 같다. 얼마 전 경주 인근에서 일어난 지진으로 문화 유적이나 가옥이며 담장 등 큰 피해가 있었다. 지축이 뒤흔드는 것처럼 기와가 흘러내리고. 가옥이 파손되는 재앙을 막을 수 없었지만, 자연재해를 대비해야만 하겠다.

지진이 잦은 일본은 평소 대비를 철저히 하고 있다. 강진이 일어나도 인명 피해를 최소화하는 것을 보아 배울 점이 많다. 우선 가옥의 구조를 보더라도 고층 건물이 적고 1, 2층 가옥이 대개가 목재로 되어 있으며, 집 주변에는 대나무를 심어 지진의 피해를 최소화하고 있다. 주택이 붕괴하더라도 목조 건물로 인한 인명 피해를 줄일 수 있고 붕괴 시 건물에 깔리는 사람도 사망에 이르지는 않는다. 일본의 야산에는 편백나무나 잎이 뾰족한 산 나무를 많이 볼 수 있다. 목재로 사용하기 위함이다. 그러나 소나무는 거의 보지 못한다. 가옥 주변에는 지진에 대비해 대나무를 많이 심어 둔다. 지진 때 대나무 숲을 피신처로 활용하기 위해서다.

　우리나라의 건축물은 단독 주택에서 철근 콘크리트로 건물로 변천했다. 강도가 높은 7.0 이상의 지진이 온다면 30년 전에 건축된 건물은 붕괴할 소지가 많다. 지진이 나면 붕괴한 건축물로 인하여 인명 생존율이 적은 것도 건물 구조와 밀접한 관계가 있는 듯하다. 그러니 건축 구조물인 콘크리트와 철끈이 치명적일 수밖에 없다. 근래에 신축한 초등학교 강당이나 체육관은 지진에 대비해 지하에 쇠말뚝을 땅속 깊이 박아 신축하며 지진에 대비하고 있다. 주택은 그렇지 못해 불안감을 감출 수 없다. 지금이라도 지진에 대비한 건축물 설계가 아니면 건축 허가를 허락하지 않고, 감리도 철저히 해야만 될 것 같다.

　동해안이나 남해 쪽에 원자력 발전소가 많은 것도 사실이다. 지진으로 인한 해일로 쓰나미가 닥친다면 그 피해는 상상할 수 없다. 그뿐만 아니라 북한 핵 실험으로 인한 백두산 분화구가 폭발하여 화산재가 전 국토를 덮고, 강진이 일어나면 재앙은 말하지 않아도 짐작이 간다. 우리 국토는 남북으로 활성 단층이 여러 갈래로 형성된 것을 보아 안심할 수 없다. 재앙이 오기 전에 스스로가 대비하지 않으면 안 될 것 같다. 사전 대책을 세우지 않으면 한순간에 수많은 사람이 생과 사의 갈림길에서 몸부림치며 아우성을 상상만 하여도 소름이 끼친다. 평소 지진에 대비한 대처 방법에 대한 교육과 홍보도 절실하다.

　지진파로 인한 땅 흔들림으로 가재도구가 순간적으로 쏟아지는 현장을 목격한 사람은 언제 일어날지 모르는 지진 때문에 불안과 초조한 마음을 가눌 수 없다고 한다. 한때나마 우리나라는 태평양에서 오는 지진파를 일본 열도가 막아 주고, 유라시아 지진파는 중국이 있어 안전지대라고 자위했으나 이제는 지각 변동으로 우리나라도 지진 안전지대가 아닌 것 같다. 대자연의 섭리인지도 모른다. 한번 강진이 있으면 여진이 수수로 일어나는 것을 경험했었다. 그래서 경주의 어린 학생이나 주민들은 다른 지역으로 이사 하자고 한다. 지진에다 태풍까지 몰아치니 불안해서 못 살겠다는 이우성이 이곳저곳에서 메아리치는 듯했다.

　한국, 일본, 미국 등 3인의 예언자가 공통된 의견을 내어놓았다는 설이 있다. 2050년경에는 지구에 대재앙이 온다고 했다. 땅윗물이 높아져 섬나라는 지면이 땅윗물로 바뀌는 지각 변동이 온다고 하였다. 그렇다면 해안선의 마을은 큰 피해가 예상된다. 지난번 '차바' 태풍으로 인하여 해변의 마을이나 상점에 만조로 인해 바닷물이 넘쳐흘러 손실이 컸다. 태풍이 지난 뒤에 여진이 계속 일어나 지역민은 살길이 망망하다고 하소연한다. 언제 올지 모르는 지진 때문에 밤잠을 설치기가 일쑤라 했다. 경주 인근에 월성 원자력이 있고, 지진에 대비해 강도 있게 시설했다고 하나 하필이면 원자력과 가까운 지역에서 여진이 계속 일어나는 것을 보아 무심코 지날 수 없는 일이었다. 바람이 불어도 혹시나 지진이 아닌가 싶어 지역민들은 공포와 초조한 마음으로 잠 못 이루며 불면증에 시달린다고 하소연하고 있다. (2016년 영남문학 겨울호)

저승 문턱

눈을 감으면 저승 문턱에 들어선다.

늙고 병이 든 고령(高齡)의 안노인들은 죽어야 하는데 죽지 않아 큰일이라고 한때나마 하소연할 때가 있었다.

수십 년 전만 하더라도 노령의 할머니들은 병마에 시달리며 고생스럽게 살기보다 죽어야 하는데 하는 말을 노래처럼 실토하곤 했었다. 세상이 바뀌고 시대의 흐름을 바꾸어 놓은 것은 변화무상한 세월이다. 작금의 노인네들은 요양 병동에서 시대정신을 관망하며 열심히 활동하고 있는 듯했다. 삶의 질적 향상과 의료 기술의 선진화로 인간의 수명도 비례해 가고 있는 듯하다.

누구나 때가 되면 생활 전선에서 물러난다. 지금의 노령층은 젊은 시절에 하지 못한 일에 미련을 버리지 못하는 모양새다. 인생의 후반기를 자기성찰의 기회로 만들어 자신에 대한 의식이나 관념에 집착하는 모습이 역력하다.

언제부터인지 몰라도 노인층에서 죽겠다는 소리가 사라지고 말았다. 오히려 건강하게 살기 위한 자기 관리에 한층 애쓰는 모습을 본다. 60세에 정년퇴직을 하면 아직 청년기다. 인생살이 100세로 본다면 40년이란 세월을 무엇을 하며 소일할 것인지 고심참담(苦心慘擔)하기도 한다. 그래서 그런지 모르겠으나 평생 교육원에서 인문학 공부나 자서전, 회고록 등을 집필하기 위한 열강에 집중하는 현상을 보게 된다.

인간이 한번 태어나 한평생을 살다 보면 죽기 전에 무엇인가 남기고 싶은 욕망이 간절하다. 돈이 많은 사람은 남의 재능을 빌어 자서전을 출판하기도 한다. 죽기 전에 무엇인가 기록으로 남기고 싶은 것이 야망의 발로인지도 모른다. 그러나 대다수 서민층에서는 자신의 영혼이 실린 글을 한 권의 문집을 통해 후세에 남기겠다는 욕심이 앞서기도 하나 싶다.

지금까지 살아온 인생을 한 권의 문집으로 발행하기까지는 영혼을 불태우는 심정을 열정적으로 살아온 삶의 흔적을 기록으로 남긴다는 것은 결코 쉬운 일이 아닌 것 같다. 그러나 늙고 나이가 늘어지면 내일을 예측하기 어렵다. 언제 어떻게 될지 모른다. 주변의 어떤 사람은 저녁 잘 먹고 잠을 청하였지만, 밤새 저승길이 대문 밖 일이 되다 싶은 예도 있었다. 죽는 것도 나와는 아무 관계없이 먼 곳의 일 같지만, 실상은 아주 가까운 곳에 있는지도 모른다. 그래서 인간은 후회 없는 삶을 위해 부단히 노력하고 있는 듯싶어진다.

오래전에 염색공장의 임원인 L 씨가 심장병으로 대학병원의 의사 친구와 상담을 한 적이 있었다. 대구에서 죽을 사람도 서울의 병원에 가면 살 수 있으니 서울대 병원을 소개하겠다고 권유를 받은 바 있었다. 지금으로부터 30년 전 일이다. 그때만 하더라도 흉부 수술은 의료 장비나 기술이 서울과는 엄청난 차이가 컸다.

L 임원은 서울대 병원에서 장시간의 수술을 받았다. 대퇴부의 혈관을 끊어 심장에 이식하는 대수술을 받고 6개월이란 세월을 병실에서 보낸 바 있었다. 생사의 갈림길인 저승 문턱에서 내가 만약 죽

지 않고 살 수만 있다면 무엇을 해야 할까 싶어 꼼꼼히 생각한 바 있었다고 한다. 살아서 병실을 나갈 수 있다면 좋은 일을 한 가지라도 하겠다는 생각이 뇌리를 떠나지 않아 간절했다고 했었다. 80kg의 체중이 30kg이나 감량되어 생명을 건진 바 있었으나 사후 조리에 신경을 쓰는 모습을 보고 인명(人命)이 재천(在天)이라는 말이 새삼스럽기도 하였다.

수십 년이 지난 오늘날 대구의 각 대학병원에서도 의료 장비의 보급과 양질의 의료 기술이 향상되었다. 대학병원마다 순환기 내과를 찾은 노령층의 사람이 많아졌다. 특히 노인들의 심근 경색증(心筋梗塞症) 예방을 위해 자녀들이 부모를 모시고 검진을 받는 모습을 볼 수 있다. 심장을 정밀 촬영하여 약물치료와 때에 따라 심장 시술로 심장마비 예방에 힘쓰고 있는 듯했다.

심근 경색(梗塞)이라는 것은 응고된 혈액이나 이 물질 따위로 혈관이 막혀서 조직의 일부가 괴사하는 현상이다. 어쩌다가 밤사이 급사하는 사람이 간혹 있나 싶다. 지금은 의료 기술의 발달로 흉부 수술을 하지 않고 막힌 혈관을 확충시켜 혈액의 흐름을 순탄하게 하는 스테인리스 시술을 하고 있다.

건강한 사람이 밤사이 급사하는 것은 심근 경색증으로 사망하는 경우가 있다. 그러나 저승의 문턱에 쓰러지지 않고 돌아서 새로운 삶을 영위(英偉)하는 지혜로운 삶으; 진리(眞理)가 아닐까 생각된다. (2019년 대구문학 9월호)

*스테인리스 시술이란 : 협착된 부위의 혈류를 개선하기 위해 혈관에 도관을 삽입 후 풍선 확장술을 시행하고, 스텐트(그물망)를 설치하여 혈관 구경을 넓히는 시술이다. 혈전으로 인해 혈류의 흐름이 원활하지 못한 경우 혈전을 제거하여 혈류의 흐름이 원활하게 회복시킬 수 있으며, 좁아진 혈관은 풍선으로 확장하거나 혈전을 제거하여도 다시 좁아지려는 성질이 있으므로 혈관 벽을 지지하는 금속망인 스텐트를 삽입하여 심근 경색을 예방하는 시술이다.

한훤당 김굉필과 스승 문충공(점필재) 김종직 선생

도동서원은 한훤당 김굉필의 대표적인 서원이다.

김 선생의 학문과 덕행을 추모하기 위해 건립된 서원으로 비슬산 기슭에 사당을 지어 향사를 지내다가 쌍계서원으로 사액 되었으나 임진왜란으로 소실되고 말았다.

지금의 자리에 사당을 재건하고 보로동서원으로 불리어 오다가 광해군이 도동서원이라 이름 지어 편액(扁額)을 내려던 서원 명이다. 흥선대원군의 서원 철폐령에도 철거되지 않았고 존속한 전국 47개 주요 서원 중 하나이다.

서원 앞으로는 낙동강이 유유히 흐르고 뒤로는 산을 배경으로 한 배산임수 지형으로 높은 곳에서 내려다보면 한 폭의 동양화를 방불케 하는 명당이다.

사적지에는 사백 수년이 되는 아름드리 은행나무가 있다. 조선 중기 유학자이며 임란 의병장을 역임한 한강(寒岡) 정구(鄭逑) 선생은 도동서원이 사액 서원이 된 것을 기념 식수한 나무로 오랜 역사를 말하고 있다. 좌현에는 신도비와 사적지가 있고, 외삼문을 들어서면 환주문이 있다. 중앙에는 우람한 중정당(강당)이 있으며 좌 우현에는 거의재와 거인재가 마주 보고 있다. 내삼문을 지나면 사당 앞뜰이다. 사당에는 한훤당 김굉필 선생의 불천위 향사를 모시는 위패를 모신 곳이다.

김굉필(金宏弼)은 단종 2년(1454년) 아버지 김유(金紐)와 청주한씨 한 승순(韓承舜)의 딸 사이에서 조선 한성부 정동에서 출생했다. 본관은 황해도 서흥 김씨다. 김 선생은 조선 전기 문인으로 교육자며 성리학자다. 호는 한훤당(寒暄堂) 사옹(蓑翁) 또는 한훤(寒暄)이며 자는 대유(大猷) 시호는 문경(文敬)이다.

증조부 중곤(中坤)이 조선조 참의공 벼슬로 고을 수령과 청환(淸宦)을 역임한 후 처가 곳인 현풍 곽씨의 고향인 현풍에 이주함에 따라 김굉필은 못 골에서 성장했다.

못 골이란 명칭은 마을의 형국이 나비처럼 생겨 마을 앞에 못을 파면 세거지로서 좋을 것이라는 풍수설에 따라 유래 되었다. 오늘날 못 골은 서흥 김씨의 집성촌으로 이루어졌다.

김 선생은 청소년 시절부터 매우 호방하여 놀기를 좋아하였고, 남의 눈치에 거리낌 없이 옳지 못한 일은 그냥 넘기지 못하는 의리를 중시하는 기질이 있었다.

18세에 순천 박씨와의 혼인은 인생의 전환점이 되었다. 결혼과 더불어 처가 곳인 경남 합천군 야로에 한훤당이라는 서재를 짓고 학문에 열중하였다. 선생의 세거지 현풍과 처가인 야로, 처외가 곳인 성주 가천 등지를 오가며 사류들과 교유하며 견문을 넓히며 학문에 열중하였다.

무엇보다 문충공(文忠公) 김종직(金宗直) 선생과의 만남은 그 일생을 결정지은 운명적인 사건이었다. 한훤당이 20세(1474년) 되던 봄, 김종직 선생이 함양 군수로 재임할 때 찾아가 문안 인사를 올렸다. 총명하게 생긴 청년은 담담한 소리로 자신을 김굉필이라고 소개

했었다. 아주 활달하고 강직한 느낌을 주는 청년이었다. 김종직 선생은 그의 절을 받고 물었다.
"그래 공부는 언제부터 했는가?"
"어릴 적부터 책을 읽었습니다."
"어떤 책을 즐겨 읽었는가?"
"창려집(昌黎集)이 좋아 자주 읽곤 했습니다."
중당(中唐)의 문호 한유(韓愈)의 문집을 말하자 김종직은 그를 빤히 바라보았다.
"그렇군, 어쩐지 젊은이의 분위기가 심상치 않다고 여겼더니, 역시 그렇군, 한유는 자가 퇴지(退之)이며, 호가 창려로 당나라 때의 문호이자 사상가다. 당시 유행하던 변려 문체에 반대하며 고문(古文)을 주장 새로운 문체의 물꼬를 튼 문호이었다. 특히 도를 숭상하여 삼엄한 바가 있었던 사상가였다.
김종직이 말했다.
"창려집에 귀한 이건 착한 이건, 어른이건 아이이건 구분 없이 도가 있는 곳에 스승이 있다고 했는데 자네도 그 말을 신봉하는가?"
"그 말을 실천하려고 노력하고 있습니다."
"실천이라, 그래, 실천이 특히 중요한 일이지."
김종직은 다시 젊은이를 찬찬히 바라보면서 미소를 지었다.
"자네에게 줄 책이 있네."
김종직은 책장에서 책 한 권을 꺼내어 김굉필에게 건넸다. 소학(小學)이었다. 천하의 김종직 선생이 준다기에 근사한 책인 줄 기대했는데, 기껏 어린애들이 읽은 소학이니 말이다.
"물론 소학은 다 읽었겠지?"
스승의 의도를 몰라 김굉필은 말없이 책만 바라보기만 했다.
김종직 선생은 웃음을 띠며 말했다.
"자네가 진실로 학문에 뜻이 있다면 소학부터 읽어야 하지 않겠나? 자네도 알겠지만, 소학은 수준이 낮지 않네, 주희 선생이 제자유자징에게 지시하여 뭇 고전의 내용 중 핵심을 뽑아 엮은 것이니, 주희 사상의 핵심이며, 유교의 기반이 되는 것이지. 다시 찬찬히 읽고 생각하게."

김굉필은 김종직 선생의 간곡한 뜻을 알아듣고 소학을 품었다.

문충공 김종직 선생은 총명하고 의리를 중시하는 제자를 얻게 된 즐거운 마음에 시 한 수를 한훤당에게 보냈다.

窮 芫 何 辛 過 斯 人 : 궁하고 거친 땅에서 그대를 만남은
珠 貝 携 來 爛 熳 陳 : 구슬과 조개를 가지고 와 찬란히 펴 놓은 듯,
好 去 更 尋 韓 吏 部 : 잘 가서 다시 韓退之를 찾으라
愧 余 喪 朽 末 傾 困 : 썩은 재질 부끄러울 뿐이네.

소학은 한훤당의 필독서로 틈틈이 읽고 또 읽으며 그 뜻을 살피고 실천하는 일에 게을리하지 않았다. 마침내 소학이야말로 사고의 밑바탕을 이루었고, 행동의 지침서가 되었다. 김굉필은 스스로 '소학 동자'라고 자부했었다.

김굉필은 소학의 가치를 깨친 후 스승에게 아래의 시 한 수를 보냈다.

學 問 猶 未 識 天 機 : 배움에 오히려 진리를 몰랐는데
小 學 書 中 悟 昨 非 : 소학을 보고 지난 잘못 알았노라,
從 此 自 有 名 敎 藥 : 이제 명교의 약이 있으니
區 區 何 用 羨 經 肥 : 구구하게 어찌 헛된 영화 바라겠는가.

훗날 김굉필은 김종직 선생의 문하에 수제자로 성장함으로써 조선 유학의 도통을 이어받은 영남 사림 학파의 적통을 잇는 영광을 누렸다.

연산군 4년 김일손 등이 사초에 올린 조의제문과 남곤 등의 연산군 비판, 폐비 윤씨 복위 반대를 빌미로 무오사화가 발생했다.

당시 김굉필은 김일손, 권오복, 남곤 등과 동문이며 김종직의 문도로 붕당을 만들었다는 죄목으로 평안도 희천(熙川)에 유배되었다.

그곳에 지방관으로 부임한 조원강의 아들 조광조를 맞나 그에게 학문을 전수하였다. 2년의 세월이 지난 뒤 또다시 전남 순천으로 유배되어 학문 연구와 인재 양성에 힘썼다.

연산군 10년 (1504년) 갑자사화로 인한 궁중파의 탄핵을 받고 김굉필은 순천 유배지에서 사약을 받았다. 그의 나이 향년 51세였다.

그 후 중종반정이 성공하자 연산군에 피화(被禍)한 인물들의 신원이 복원되었고, 자손들도 관직에 등용되는 혜택을 받았다. 김굉필의 학문적 업적과 무고하게 피화되었음이 역설되어 의정부 우의정에 추증되었다. 도학을 강론하던 곳에는 사우가 세워져 향사를 지내며 추모하고 있다.

중종 13년(1519년) 기묘사화가 일어나 김굉필에게 내려진 증직과 은전에 대한 반대 세력에 의해 수정론이 대두하였으나 성균관 유생들의 문묘 종사(文廟從祀) 건의가 계속되자 선조 10년(1577년)에 문경(文敬)이라는 시효가 내려졌다.

광해군 2년(1610년)에 김굉필은 정여창, 조광조, 이언적, 이황과 더불어 동방 오 현으로 성균관 문묘에 배향되었다.

김굉필 선생이 성장한 못 골의 서흥 김씨 후손들은 스승인 김종직 선생의 사당이 있는 고령 개실 마을의 일선(一善) 김씨와 혼인도 하고, 교분을 돈독히 하며 어려울 때 서로 힘을 모으고 교류도 하고 있다.

도동서원은 깊은 역사를 간직한 편액 서원으로 근세에 서원 전역이 사적지로 보호되고 있다. 특히 아름다운 토담으로 된 담장은 전국 최초로 보물 제350호로 지정되었고, 유물 전시관에는 임금이 하사한 서책과 제기, 경현록 목판이 보존되어 있다.

한훤당 김굉필 선생은 스승의 가르침을 받아 인(人)을 덕(德)의 근본으로 하는 유교 사상을 실천하며 사람이 사람답게 사는 사상을 몸소 실천한 역사적 인물로 추앙받고 있다. (2022년 5월 대구 유림회보)

文忠公 金宗直先生 配享書院
1)密陽 禮林書院 2)善山 金烏書院 3)金山 景濂書院 4)開寧 德林書院
5)咸陽 栢淵書院 6)和順 海望書院 7)高敞 雲谷書院.

文忠公 佔畢齋金先生 影幀

손전화기는 경제학이다

 손전화기는 이제 일상생활의 필수품이다.
 우리나라도 삼차 산업에서 사차 산업으로 진입하는 과정에 스마트폰이 향도 역할을 하는가 싶다. 시대는 자꾸만 변천되어 가는 과정에 우리의 정치 문화는 퇴보하는 것 같아 안타깝기도 합니다. 우리보다 선진국에서는 사차 산업에 심혈을 기울이며 먹을거리에 분발하고 있으나 우리의 정치가 그 발목을 잡고 있나 생각이 드는군요.
 손전화기는 바로 경제학입니다. 지식 산업이 발달하면 할수록 시대 흐름에 부응하는 것이 시대정신이 아니겠습니까? 사차 산업이 발달하면 할수록 중노동을 하지 않고 편안한 밥을 먹을 수 있는 시대가 멀지 않아 도래하고 있지요. 스마트폰도 인공지능을 따라가는 것이 현실화된 것이 전자수첩입니다. 아이 티 산업은 세계가 알아주는 국가가 한국이 아닐까요. 사업상 필요로 한 정보를 입력해 두고 전화기 하나로 자택에서 투자도 하고 구매나 관리를 하면서 수익을 창출하는 시대가 당도했다고 여깁니다.

 손전화기 하나로 영상 통화도 하고 정보 검색도 하며 투자할 곳을 물색하면서 시간 절약을 할 수 있는 이점이 많은 것도 사실입니다. 요사이는 매사에 인터넷으로 광고도 하고 필요한 물품을 구매할 수 있는 시대입니다. 그만큼 사람 살기는 편해졌지만, 국민의 행복지수는 OECD 국가 중 하위권에 맴도는 것은 정치가 선진화되지 않아 국민은 고달픈 삶을 살고 있지 않나 싶네요.

 정치인의 이야기를 들어 보면 조직 관리를 하는 데 있어 돈은 사람 몸의 피와 같다고 합니다. 그러니 밝고 깨끗한 정치를 바라기는 어려울 것 같습니다. 정치는 국민의 삶을 편안하게 해야 할 덴데 오히려 국민이 정치를 걱정하고 있으니 한심한 노릇이지요.

 사람 살기가 편하고 생활이 윤택해지면 손전화기 하나로 또 다른 형태의 문화가 발생하는 거 봅니다. 서민층에서는 쾌락 문화에 빠지는 경우가 드물지만. 뱃살에 기름기가 체이고 경제적으로 여유가 새기면 공허한 생각을 하는 경우가 없지 않나 싶습니다. 돈이 많이 있거나 권력이 있으면 유혹도 있을 수 있겠지요. 그 유혹을 극복하지 못하면 패가망신하는 경우가 허다하지요.

 그 밑바탕에는 손전화기가 매개 역할을 하는가 싶어 쓸쓸한 생각이 드는군요. 아무리 주변에 감언이설과 유혹의 손길이 있다고 하더라도 생각과 신념이 올바른 사람은 그 유혹에 현혹되지 않을 수 있겠지만. 정신세계가 건전치 못한 사람은 유혹에 쉽게 휘말리기 쉬운가 봅니다. 그래서 100세 시대에 즈음하여 평생교육원에서 인문학 강의를 듣고 자기 수양과 자신의 영혼이 담긴 흔적을 남기기 위해 새로운 삶에 도전하는 사람이 늘어나는 것도 사실입니다. 그만큼 우리 사회는 건전한 정신문화가 우리의 삶에 길잡이 역할을 하고 있어 다행스럽기도 합니다.

 손전화기도 유용하게 활용하면 생활에 도움이 되나 잘못된 방향으로 사용하면 패가망신하는 사례를 흔히 볼 수 있지요. 인륜 사회에 음과 양이 있듯이 흥하고 망하는 것도 모두가 자기 관리와 관련이 있다고 여깁니다. 물론 손전화기를 소지하면 편리하고 세상 물정에도 밝을 수 있지만. 그러나 그 활용 방법에 따라서는 현저한 결과를 초래하기 때문에 건전한 사고방식이 보편화하였으면 합니다.

평소 손전화기로 주식 투자나 금융 거래 시 편리한 점이 많습니다. 때에 따라 물품을 구매하거나 새로운 제품 출고 문의와 결재할 때도 있습니다. 어찌하다가 손전화기를 땅바닥에 떨어져 사용할 수 없을 때 거래처 고객으로부터 물건 주문을 받지 못해 판매할 수 없을 때 속이 상할 때가 있지요. 소규모 사업이라 하더라도 신경이 가는 곳이 한두 곳이 아닙니다.

사업을 하다 보면 근심 걱정이 없을 수 없습니다. 경쟁이 치열한 산업사회에 생존하자면 근심거리가 생기기 마련입니다. 더욱이 근심 걱정은 나이 든 사람한테는 일종의 질병이 아닐 수 없습니다. 흔히 하는 이야기가 늙으면 입은 닫아 놓고 지갑은 항상 열어 놓은 것이 건강에는 이롭다고 합니다.

요사이 노인층에서 황혼 이혼이 많다고 합니다. 남존여비 사상이 무너지고 양성평등 시대가 신장하면서 제 목소리를 내거나 부부간에 성격 차이나 부정으로 인한 이혼 사유의 조건이 아닌가 싶습니다. 세상이 미묘 복잡하다 보니 개인정보보호법이란 것이 사생활을 침범하면 형사상 처벌 규정 탓에 남녀 간에 손전화기를 은밀하게 이용하는 경우가 없지 않나 싶군요. 아무리 은밀하게 전화기를 사용하더라도 매사에 꼬리가 길면 잡힌다는 속담이 있는 것처럼 관리를 소홀히 해서는 안 될 것 같습니다.

문화가 발달하고 생활이 윤택해지면 행복지수가 높아야만 할 텐데 오히려 복잡한 사회 구조로 인하여 거리마다 카메라의 감시를 받고 있으며 손전화기의 비밀스러운 일로 가정이 파탄 나는 경우를 보아 장단점이 있는 것을 볼 때 아이로니컬하기도 한답니다.

건전한 사회 기풍 조성은 가정교육과 학교와 사회생활이 밀접한 관련성이 있지 않을까 싶습니다. 교육을 정상적으로 받은 사람은 사회생활을 올바르게 할 줄 알지만, 그렇지 못한 경우에는 언행이 부자연스럽고 불안과 초조한 마음이 사회 분위기를 어둡게 하고 있습니다. 건강한 사회 풍토 조성은 국가 발전이나 개인의 사생활 기여에도 도움이 되리라 생각됩니다.

가풍에 따라 올바르게 성장한 사람은 부모를 공경하는 효성이 지극하며 사회 구성원의 한 사람으로 도덕성과 윤리관이 확립된 덕망으로 준법정신이 사회 분위기를 밝고 아름답게 하는 듯합니다.

요즘 지하철 경내 남녀노소를 불문하고 손전화기에 심취한 것을 볼 수 있습니다. 그만큼 손전화기는 우리 일상생활과 밀접한 관계가 있는 듯합니다. 미묘 복잡한 민주 사회에 적응하고 사차 산업에 적응하기 위한 정보 검색과 투자할 곳을 물색하는 경향을 보아 이제 손전화기는 생활의 필수품이 되었음을 알 수 있습니다. 그래서 경제학자들은 손전화기가 경제학이라고 역설하고 있다고 합니다. (2021년 신한국 7호)

그때 그 사람

　그때 그 사람은 누구일까. 그녀는 지금 어디서 무얼 하며 살고 있는지 혹시나 이미 세상을 하직하지 않았는지, 너무 오랜 세월이 지났다. 그러고 보니 내 기억 속에 그녀의 아름다운 모습이 도무지 잘 떠오르지 않는다. 무정한 세월 탓일까. 서로가 헤어진 지 벌써 50년이란 세월이 지난 것 같다. 그때 그 사람은 여고 3년생으로 교내에서 문예반장직을 맡은 문학소녀였다.
　긴 목덜미에 밑으로 흐르는 그녀의 살결은 우윳빛처럼 싱그럽고 아름다웠다. 살색이 유난히 희고 갸름하며 상큼한 얼굴이었다. 키는 보통이며 검은 치마에 흰 저고리 같은 교복 차림에 머리카락은 쌍갈래로 땋은 댕기 머리에 흰 운동화를 신었던 기억이 되살아난다.
　그 사람의 집은 복명초등학교 인근에서 문구점을 경영하고 있었다. 그녀는 여고 졸업반인 미숙이란 학생이다. 왜 지금도 그 사람이 문뜩문뜩 생각날까. 내가 아끼고 사랑했던 그녀가 이 순간에도 내 옆에 있다면 나의 삶도 어떤 모습으로 변모했을까 생각하니 가슴

설렘은 어쩔 수 없는가 보다.
 그 시절 우리는 만날 때마다 할 수 있는 것이라면 정답게 마주보며 서로 손을 마주 잡고 김소월의 산유화나, 이상화 시인의 시를 낭송하며 미소 짓는 그녀의 입술과 눈언저리에는 연민이 가득 찬 모습이 아직도 생생하다. 그녀가 고교를 졸업하고 가정 형편상 대학 진학을 하지 못하고 가사를 돌볼 때 그녀의 어머니는 시집이나 가도록 종용했다.
 우린 남의 시선을 피해 으슥한 골목길에서 만나면 서로가 얼굴이 확 달아오름을 느끼고 했다. 나는 그녀가 지금 무슨 생각을 하는지 집에서 어떤 일이 있었는지 짐작할 수 있었다. 그토록 만나면 반갑고 즐거웠으며, 가슴 설렘을 그녀를 만나기 전에 미처 느끼지 못했던 것이 감수성이 예민한 탓인지도 모른다. 서로가 손을 맞잡으면 온몸에 전율을 느끼며 금시 얼굴은 홍당무가 된다. 돌이켜 생각하니 아름다운 추억의 한 토막처럼 연상된다. 무정한 세월은 우리가 헤어진 후 50년이란 세월이 지났지만, 한 번도 만나지 못하고 추억 속에 남을 뿐이다. 이런 것을 두고 사람들은 첫사랑이라고 하겠지!
 이제 그녀도 할머니가 된 미숙을 생각하면 부질없다는 것을 알면서도 생각하면 할수록 그리움에 몸부림치며 자신의 얼굴이 후끈 달아오르는 듯하다. 한때 사랑하고 서로 연모했던 그녀를 내 곁에서 떠나보낸 장막은 징집영장이었다. 미숙은 나를 만날 때마다 입버릇처럼 "네가 입영하면 군복무를 마칠 때까지 어머니의 등쌀에 견디지 못할 것 같다."라는 이야기를 자주 했다. 병영 생활 중 그녀와 군사 우편물을 수십 통 주고받으며 서로의 그리움을 달래고 하였으나 당시 내가 그녀를 위해 할 수 있는 일은 아무것도 없었다.
 첫 휴가를 마치고 귀대하던 날 그녀의 눈가에는 새벽이슬처럼 맺힌 눈망울을 본 나는 그녀를 볼 용기가 없었다.
 나는 부대 복귀를 포기하고 탈영하고 싶은 강렬한 충동을 느꼈다. 그러나 나는 군 복무를 마치고 귀향했을 때 그녀의 행방은 묘연했다. 그녀를 찾기 위해 이곳저곳을 수소문 해보았으나 어느 사업가에게 시집가 서울로 이사 갔다는 소문이 전부였다. 나는 괴로움과 슬픔에 몸부림치며 옛 선비의 애절한 사연 한토막이 문득 생각났다.

　퇴계 이황 선생이 부인과 사별 후 단양 목사로 부임해 두향이란 관기와 짧은 세월의 사랑이었지만, 헤어진 후 두향을 대신해 매화나무를 가꾸며 임종 시까지 물을 주며 애지중지한 연민에 가득 찬 사연과 두향은 관기를 벗어나 사모하던 이황 선생과 이별 후 한 번도 만나보지 못한 제 임종했다는 소문을 듣고 평소 연모하던 퇴계 선생을 문상 후 푸른 물이 넘실거리는 남한강에 몸을 던져 투신자살한 애석한 사랑 이야기를 생각하면, 미숙에 대한 그리움의 정이 가슴에 쪼여 들며 아파온다. 마치 눈 속에 피어나는 매화꽃 송이를 볼 때는 쉬우나 막상 그 매화꽃을 그리기는 어려운 것처럼 지금도 그 사람을 생각하면 그리움만 가득해진다. (2011년 한국경찰문학)

사랑의 여운(餘韻)

　아득한 옛날이야기다.
　세월은 흐르는 강물처럼 쏜살같이 지났다. 초등학교 시절이니 말이다. 전후 시절은 곡식이 귀하여 갱죽에 건대를 넣어 끓인 국물로서 허기를 채우던 시절로 기억된다. 내 초등학교 3학년 시절 6·25동란이 발발했다. 우리들의 학교에는 군 통신부대가 주둔하였다. 어린 학생들은 야산과 기와 굴로 다니면서 공부했던 기억이 가물거린다. 비록 전시였지만, 대구에 거주하는 학생들은 다행히 피난길에 나서지 않았다. 대구를 사수하기 위한 낙동강 교두보 전선이 유지됨에 반격의 기회가 주어진 것이 인천상륙작전 성공으로 수도 서울을 탈환한 계기가 되었다.
　어린 시절 전쟁이 어떤 것인지, 무엇 때문에 전쟁하는지, 하필이면 동족 간에 살생하는지, 아무것도 모르는 천진난만했던 시절이다. 선생님을 따라 구김살 없이 들녘이나 처마 아래서 공부하였던 그 시절 철부지 하는 일들을 지금도 아름다운 추억으로 환영 되는 듯하다.

　나의 유년 시절은 외갓집에서 천자문을 배우고, 동네 서당에서 명심보감을 배운 후 초등학교에 입학했다. 등교할 때 책보자기는 겨드랑이에 끼고 종종걸음으로 학교 가는 환영이 밀물처럼 밀리어 오는 듯 상념에 잠긴다. 그 시절 보고 싶은 친우들이 전광석화처럼 스친다.

　정전 협정 후 교실에서 수업할 때는 이미 6학년이었다. 당시 홀수 반은 남학생이었고, 짝수 반은 여학생으로 반 편성이 되어 있었다. 나는 홀수인 1반에 편성되어 N초등학교에서 가장 무서운 호랑이 선생님을 담임으로 모셨다. 선생님은 우리에게 시험 문제를 자주 냈었다. 오십 문항으로 백 점 만점에 팔십 점 이상 맞지 않으면 시험 문제지에 점수를 매겨 등에 붙여 여학생반으로 돌리면서 우사를 시켰다. 우리는 여학생 교실로 돌지 않기 위해 열심히 공부하였던 기억이 새삼스럽기도 하다. 그 무렵 상급학교를 진학하자면 국가고시라는 제도가 있었다. 중학교 진학에도 특차와 1, 2차로 구분되어 있었던 시절이다. 당시 사대 부속 중학교가 특차였다.

　6학년 7학급 중에 국가고시 특차에 갈 수 있는 자격을 취득한 학생은 다른 반에는 없었으나 6학년 1반에서만 십여 명이 합격하였다. 호랑이 선생님 덕분이다. 그때 특차에 입학한 친구들은 삼사십 년이 지난 후 교수, 박사, 대학 총장, 국회의원, 장관 등을 지낸 친구가 있었다. 그때를 생각하면 당시 담임선생님 사랑의 여운이 그윽한 향기가 되어 환상으로 겹치어 오는 듯하였다.

　그 시절은 동급생이라도 나이 차이가 있다 보니 결혼한 친구도 있었고, 사춘기에 접어든 학생은 여학생과의 교제가 빈번했다. 모두가 지나고 보면 꿈과 낭만이 묻어나는 아름다운 시절이 아닌가 싶어진다. 지금 그 친구들을 생각하면 우정이 넘치는 사랑의 여운이 귓가에 맴도는 듯하다.

　내가 다닌 초등학교는 전교생이 삼천 명이 넘었다. 공부는 보통이었고, 장난이 몹시 심한 개구쟁이로 유명했었다. 그러하다 보니 여학생들로부터 꽤 인기가 있었다. 나의 이름자를 모르는 6학년 여학생이 없을 정도였다.

　지금 교육계에서 사랑의 매질을 못 하도록 외치고 있다. 하물며 극성스러운 학부모는 교권을 침해하는 일이 이따금 일어나고 있는 것도 현실이다. 부당한 교권 침해에 대한 소신 있는 교직자가 아쉬운 시대다. 향기 있는 사랑의 매는 절대 필요한 것이다. 사랑의 매가 없어진다는 것은 애석한 일이다. 회초리가 없어진다는 것은 결코 아동들에게 좋은 현상은 아닌가 싶다. 사랑의 매를 든 선생님이나 매를 맞아 본 학생들이 성인이 되고 사회 지도자로 있을 때 선생님의 사랑스러운 매의 여운이 오래오래 기억 속에 머물 것 같다.
(2020년 대구문학 3월호)

오해는 상처를 만들다

 인간은 누구나 감성이 민감할 때가 있다.
 남녀 간 사사로운 일에도 오해로 인한 감정을 증폭시키는 때도 있다. 그 바탕에는 사랑이 머물고 있지 않나 싶다. 사랑하지 않는다면 오해가 생길 이유가 없다. 오해가 사랑싸움의 동기가 될 수 있기 때문이다. 정상적인 부부간이나 연인 사이에 오해가 생길 소지가 많은 것도 사실이다. 시대 변화에 따라 여권이 신장한 것도 부인할 수 없는 현실인가 보다.
 요사이 일부 계층이겠지만, 여인들의 게 모임에서 남편 이외 애인이나 연인 정도 한 사람이 없으면 7급 장애인이라고 거침없이 이야기하는 것을 보아 여권이 신장한 것이 사실이 아닐까 싶다. 시대 흐름에 따라 세태도 많이 변해 가는 듯했다.
 특히 오해는 연인 사이에 촉발하기 쉽다. 만나기로 한 약속 장소에 오랜 시간 기다리게 되면 공연히 오해의 싹이 생길 수 있기 때문이다. 자신을 기다리게 하고 다른 여인과 만나고 오지는 않은지

공연한 생각에 사로잡힐 때 오해를 기울 수 있다. 개성이 강한 사람일수록 오해도 민감해질 수밖에 없다.

한때나마 신문 지상을 통해 잔인한 사건을 많이 보았다. 남편이나 애인을 생명 보험에 가입시킨 후 살인을 교사하는 사건 사고가 우리 사회를 어지럽게 한 바 있었다. 삼각관계이든 어떤 관계일지 몰라도 거액의 보험금을 노린 사건 사고가 신문 지면을 장식한 바 있었다. 돈 앞에 인간의 근성이 모질고 잔인해지는가 싶어 서글픈 생각이 들었다. 보험금을 노린 살인 사건은 보험사에서도 조사도 하겠지만, 경찰에 의해 기획 수사를 하면 거액의 보험금과 인간의 생명과 관련이 있었던 사건들이었다.

식생활이 개선되고 여유가 생기면 개성 있는 삶을 추구하는 사회적 분위기에 편승하여 젊은 시절 하지 못했던 일에 몰입할 때가 있다. 많은 사람이 자신의 인격을 닦기 위해 평생 교육원이나 복지관을 찾아 자기 재능을 살리겠다는 열정이 대단하다. 지나온 삶의 흔적을 남기기 위해 열심히 공부에 매진하는 것을 볼 때 부정적인 삶보다 긍정적인 측면이 많은 것도 사실이다.

어떤 사람은 종교에 심취하는 이도 있고, 또 어떤 이는 여행을 즐기며 사진 촬영과 그림을 그리기도 하고, 사회봉사 단체나 인문 사회학 공부로 인격 도야에 애쓰는 사람이 있나 하면 돈이 많은 혹자는 성을 매수하여 쾌락을 추구하는 부류도 있는가 싶기도 하다. 오해의 소지는 미풍양속을 벗어난 건전치 못한 생활양식에서 발단된다. 사람을 사귀고 교류하는 것도 소홀히 생각해서는 안 될 것 같다고 한다. 그래서 사람 만나기가 무섭다는 이야기가 있다. 저 사람이 무슨 생각으로 나에게 접근하는지 생각해 보지 않을 수 없는 것도 지나친 생각은 아닌 듯싶다. 그만큼 우리 사회의 한 측면이 병들어 있다고 생각하지 않을 수 없는 것도 현실인가 싶기도 해서다.

사람을 사귀는 것도 시간을 두고 겪어 보아야 한다는 말이 있다. 금전 거래나 술자리며 도박 등으로 겪어 보아야 한다는 이야기가 있다. 열 길 물속은 알아도 한자 안 되는 사람 마음은 알 수 없다고 한다. 친구 사이에 신의가 없으면 만나기가 거북스러워질 때가 있다. 옛말에 부모 팔아 친구 사귄다는 이야기는 이제는 옛이야기다. 그때는 삼강오륜이 살아 있었고, 유교 문화가 사회 전반에 걸쳐 예절 교육을 부모님 슬하에서나 서당, 향교 등지에서 받았지만, 외래 문화의 범람으로 그렇지 못해 안타까운 마음이 들 때가 많았다.

오해는 긍정적인 생각보다 부정적인 사고가 심할 때 생긴다. 무서운 말이다. 오해가 증폭되면 사소한 일에도 살인 사건을 유발하기도 한다. 그러나 건전한 사고방식과 보편화된 생활양식에는 오해가 생기지 않는다. 불륜으로 맺어진 더러운 관계는 사소한 일에도 불신과 질투가 팽배하다. 감성과 이성을 초월하여 분쟁으로 변하기 쉽다. 사생활이 건전하면 남들로부터 오해를 받지 않는다. 오해가 쌓이면 분쟁으로 인한 파멸의 길을 자초한다. 그래서 말 한마디에 천 냥 빚을 갚는다는 이야기 있다. 오해로 인한 언쟁에는 감정이 폭발하기 쉽다. 감정이 폭발하면 물불을 가리지 않은 사람은 스스로 불행을 자초하며 생을 포기하는 경우를 본다. 열린 입이라 할지라도 말은 가려서 해야 한다. 말은 함부로 해서는 안 된다. 한번 뱉은 말은 다시는 주워 담을 수 없는 것도 사실이다. 미묘하고 복잡한 산업사회에 남들로부터 오해받을 언행을 해서는 안될 것 같다.

참여 정부 시절 공기업 사장이 자기 자리를 지키기 위해 청원하였다가 자신을 비난하는 말을 듣고 한강에 투신하여 생을 마감하는 것도 말과 오해가 함축된 사건이 아닌가 싶어 서글픈 생각이 들었다. (2020년 영남문학 여름호)

불보 사찰 통도사

영축산은 영남의 알프스로 산악인의 출발점이기도 하다.

영축산 아래 자리 잡은 통도사는 신라 선덕여왕 15년에 자장율사가 당나라에 가서 불법을 배우고 돌아와 당나라에서 가져온 부처의 몸에서 나온 사리를 모시고 올 때 문수보살이 진신 사리와 가사를 주면서 신라 영축산의 연못에 아홉 마리의 용이 사는 연못을 메워 금강 계단을 세우고 봉안하라고 하였다.

통도사는 경상남도 양산시 하북면에 있는 우리나라 3대 사찰의 하나다.

자장율사가 당나라에서 가지고 온 불사리를 세 곳에 나누어 황룡사 탑, 태화사 탑, 통도사 금강 계단에 봉안하였다고 하는 불사리 계단이다. 통도사의 특징은 불사리 계단에 있으며 이로 인하여 불보 사찰의 칭호를 얻게 된 것이다.

창건 당시에는 대사찰이 아니었으나, 고려 초기에 사세가 확장되어 절을 중심으로 **사지석표(四至石標)**, **국장생석표(國長生石標)**를 둘만큼 대규모로 증축되었다.

　현존하는 석조물은 고려 초기 선종 시대에 조성되었다. 그 당시 중요한 석조 조형으로는 금강 계단 상부의 **석종형부도(石鐘形浮屠)**를 비롯하여 극락전 앞의 삼 층 석탑, **배례석(拜禮石)**, **봉발탑(奉鉢塔)**, 국장생석표 등 고려 시대 유물이고 그 밖에 현존하는 목조 건물은 모두 임진왜란 이후에 건립되었다.

　통도사는 창건 당시부터 중요한 사찰로 주목받기도 했었다. 대장경 400여 함을 봉안하였고, 특히 불사리와 가사뿐 아니라 우리나라 역사상 최초로 대장경을 봉안한 사찰이기도 했다.

　동쪽으로부터 일주문, 천왕문, 불이문의 세 문을 통과하면 금강 계단에 이르게 된다. 통도사의 배례석 옆에 있는 3층 석탑은 고려 초기에 세워진 탑이다.

　금강 계단 앞의 목조 건물은 대웅전으로 임진왜란 때 불탄 것을 인조 23년 우운이 중건하여 오늘에 이르고 있다. 건물 상부의 기본 형태는 J자형의 특이한 구조로 나타내고 있으며 남쪽에는 금강 계단, 동쪽은 대웅전, 서쪽은 대방광전, 북쪽은 적멸보궁의 편액이 걸려 있다. 일주문은 충렬왕 31년에 창건되었고, 일주문의 "영축산 통도사"의 편액은 흥선대원군의 필적으로 유명하다.

　통도사가 있는 이곳은 원래 아름다운 연못이 있었는데 연못을 메운 후 그곳에 금강 계단을 쌓고 통도사를 창건하였다고 한다.

　자장율사가 여덟 마리의 용은 쫓아 보았으나, 마지막 남은 용이 연못에 남아 터를 지키고 싶어 연못 일부를 메우지 않고 남겨둔 것이 지금의 구룡지라는 전설이 있는 사찰이 양산 통도사다. 지금도 금강 계단 옆에는 **구룡신지(九龍神池)**의 자그마한 상징적 못이 있다. 통도사는 우리나라 삼보사찰의 하나로 법보 사찰 해인사, 승보 사찰 송광사가 있다. 불보 사찰 통도사는 대한불교 조계종 제15교구 본사이기도 하다.

　통도사는 양산시의 기념물로 지정되었으며 한국의 '산지 승원'이라는 명칭으로 1천 년 넘게 우리 불교문화를 계승하고 지킨 승원의 하나로 문화적 가치를 인정받아 한국의 13번째 유네스코 세계유산에 등재된 사찰이기도 했다.

양산 통도사는 부처의 진신 사리를 모시고 있어 대웅전에 불상을 모시지 않고, 창 너머로 진신 사리를 바라볼 수 있는 대웅전을 비롯하여 12개의 법당과 6방, 비각, 천왕문, 불이문, 일주문 등 65동으로 구성된 대규모 천년 고찰이다. 따라서 금강 계단(법당)에는 부처님을 모시지 않고 있다.

산 이름을 영축산이라 한 것은 산의 모양새가 인도의 영취산과 비슷하기 때문이라고 하며 영축산의 옛 이름은 축서산이라 하였다.

통도사의 중심은 금강 계단에 부처의 사리를 모신 곳이다. 자장율사는 부처의 몸에서 나온 사리를 모시고 금강 계단을 쌓아 승려가 되고자 하는 사람들을 득도시켰다고 한다. 따라서 금강 계단(법당)에는 부처님을 모시지 않고 있다.

삼성(三聖)에는 고려 말기에 고승으로 추앙받은 지공 선사, 나옹 선사, 무학 대사 세 분의 큰스님을 지칭하는데 영정을 모신 곳이 삼성각이라 한다. 건물 내부 중앙에 석조 독성화상과 독성 탱화를 모셨고 오른쪽에는 삼성 탱화, 왼쪽에는 칠성탱화를 봉안하여 복합적 기능으로 사용하는 전각이다.

대장경(大藏經)은 부처님의 말씀과 가르침을 집대성하고 부처님이 정한 규칙을 연구하며 해석한 논술을 모아 놓은 불교 경전의 총서라고 한다.

통도사의 금강 계단은 국보로 지정되어 있고, 보물로는 청동은입사향완 외 19점, 유형문화재는 삼화상진영 외 13점 등이 보존된 사찰이다.

영축산 산 내 암자로는 극락암, 비로암, 자장암, 백운암, 축서암, 취운암, 수도암, 사명암, 옥련암, 보타암, 백련암, 서운암 등이 있다. 통도사의 13개 암자의 하나인 서운암은 사도세자가 직접 짓고 쓴

'동궁 어필'이 있으며 관례를 치르는 것은 사도세자를 위해 영조가 짓고 쓴 '훈유어필'이 소장되어 있다.

서운암은 사진 애호가들의 출사 명당으로 봄이면 암자를 둘러싼 20만 평의 산자락에 피어나는 야생화가 100여 종 이르는 꽃 암자가 된다. 특히 금낭화가 유명하다. 여름이면 능소화가 많은 이의 눈길을 끄는 곳이 서운암이다.

서운암 된장은 알아주는 명품인데 이를 담기 위한 대규모 장독대가 암자 뒤편으로 늘어서 있어서 이를 배경으로 한 능소화가 색다른 정취를 안겨 준다. 생약재를 첨가해 담근 서운암의 재래식 된장은 양산시의 특산품으로 지정 '된장 암자'로 불리기도 한다.

명물로 꼽는 항아리는 서운암 성파 스님이 10년간 정성 들여 모은 소중한 수집품이다. "신분제가 있었던 시절에도 왕족이나 양반, 상놈 할 것 없이 똑같이 사용했던 게 장독이니 우리에게 이만큼 소중한 문화유산이 어디 있을까."라는 것이 성파 스님의 항아리 수집에 대한 간절한 마음이다.

서운암을 찾을 때 통도사 입구에서 서운암까지 2.5Km가 넘는 길을 걸어서 올라가야 한다. 그러나 자동차로 가면 통도사 옆길을 통해 서운암까지 바로 갈 수 있다고 한다. (2021년 영축문학 제3집)

5부

최후의 교두보

최후의 교두보
이 한 몸 조국을 위해서
석양에 물든 금호강
청량산 하늘다리
왕부(王父)와 꽃대
시골장터
효도
불혹지년
모정
한국 전쟁과 남북통일
동해의 외로운 섬 독도는 대한민국 영토다

최후의 교두보

전쟁은 참혹하고 비참했다. 동족 간에 피비린내 나는 6·25 전쟁은 수백만의 인명 손실과 산업 시설물은 파괴되었고 국토는 폐허의 땅이 되었다. 휴전선을 사이에 두고 천만 명의 이산가족을 양산하였으며 그 아픔은 아직도 계속되고 있다.

세계 2차 대전에 일본이 패망하자 남과 북은 38선을 경계로 북쪽은 소련군이 주둔하였고, 남반부는 미군이 상주하였다. 38도 선에는 수시로 총격전이 빈번하였고 신탁 통치니, 반탁 통치니, 시국이 매우 혼란스러웠다.

스탈린은 소련군 대위 출신 김일성을 꼭두각시로 앞세워 친일파를 숙정하고 인민 정부 수립에 골몰했다. 미국은 남한에 정부 수립을 위해 1945년 12월 16일 모스크바에서 미·영·소 3국 외상 회의 결의에 따라 한반도에 민주 정부 수립과 향후 5년간 신탁 통치를 하며, 미·소 공동위원회를 설치할 것을 결의하였으나, 좌우익 대립으로 결렬되었다. 미국에 의한 남한 문제가 국제연합(UN)총회에 정식 의제로 상정되었다.

　미국은 통일 정부 수립을 위한 자유선거 주장과 소련은 외국군 동시 철군 주장이 충돌하면서 UN 한국 임시위원단의 북한 지역 입경 거부로 남한 만의 선거를 1948년 5월 10일 실시했다. 유엔 감시 아래 무기명 비밀 투표로 남쪽만의 선거로 제헌국회가 구성되어 대한민국을 수립하는 모체가 되었다. 그러나 대한민국은 자주적인 독립을 하지 못하고 열강들에 의해 광복의 기쁨을 맞이하였다.

　김일성은 평양에 주둔한 스탈린을 수없이 찾아가 무력으로 적화통일하겠다고 호언장담했었다. 전쟁에 필요한 군수 물자 지원을 요청하였으나 번번이 실패했다.

　소련군이 철수 후 김일성은 모스크바의 스탈린을 4차례 방문했다. 스탈린은 중공이 전쟁에 참전하는 조건으로 전쟁에 필요한 군수 문자 지원 야속했다. 김일성은 전쟁 준비에 몰두하였다. 그 당시 소련도 남반부에 얼지 않은 항구가 필요했던 시기였다.

　38선을 사이에 두고 남과 북은 이데올로기 갈등으로 총격전이 빈번했다. 김일성은 전쟁 준비가 완료되자, 1950년 6월 25일 새벽 4시를 기하여 38선 전역을 돌파 기습 남침을 감행했다. 당시 국군 장병은 외출 외박 휴가를 떠났다.

　정부는 38선에서 우발적인 총격전으로 판단하고 대수롭지 않게 생각하였다. 인민군은 소련제 T34 탱크를 앞세워 38선 전역에 걸쳐 새벽녘에 기습 남침으로 3일 만에 수도 서울이 함락되고 말았다.

　정부는 전황을 정확히 판단하지 못한 까닭에 한강 인도교를 폭파하였다. 피난민으로 가득 찬 인도교 폭파로 서울 시민은 수중 물귀신이 되었고, 공포와 불안 속에 고립되었다. 그로 인한 피난을 가지 못한 많은 인사가 납북되는 비극이 속출하였다.

　손발이 묶긴 채 38선을 넘어 북으로 끌리어 간 인사들은 학대와 배고픔에 몸부림치며 중노동을 하다가 한 많은 세상을 등진 비극의 연속이었다.

투르만 미 대통령은 한국전쟁에 참전키로 결의하고 국무성은 지상군 투입을 결정하였다.

한국전에 미 지상군으로 처음 투입된 스미스 부대가 금강 방어 작전에 대패하자 정부는 다시 수도를 대전에서 대구로 이동했다.

김일성은 8월 15일까지 남반부를 적화 통일하겠다고 결의를 다지며 총공세로 진격했다.

한·미 연합군 사령관으로 부임한 워커 장군은 군, 경찰, 학도 의용군, 국민이 일심동체가 되어 최후의 교두보를 낙동강 전선에 구축했다. 대구를 사수하기 위한 최후의 방어선이었다.

괴뢰 인민군 사령관 김책은 낙동강을 따라 정예군 4개 사단 병력을 집결시키고, 대구 함락을 위한 공세는 연일 계속되었다.

대한민국의 운명이 풍전등화 같은 현실이 다가오고 있을 때 정부는 또다시 수도를 대구에서 부산으로 옮겼고, 심지어 국외 망명 정부까지 구상했었다고 한다.

내무부 장관으로 부임한 조병욱 박사는 수도를 부산으로 옮기더라도 대구를 사수해야겠다는 굳은 결의를 다졌다. 한·미 연합군은 적 정예군 4개 사단과 낙동강을 사이에 두고 치열한 공방전은 격렬했다. 낙동강 방어선이 무너지면 대구 함락은 촌각을 다투는 문제였다. 다부동 전투는 전략상 가장 중요한 요충지였다. 유학산을 중심으로 산악지대가 가까이 있어 미군 전투기가 활동하기 힘든 지형으로 인민군의 공세는 치열했다.

다부동 전투는 8월 초부터 9월 중순까지 전투는 계속되었고, 고지를 탈환하고 빼앗기고 하는 격전의 전쟁은 밤과 낮을 가리지 않았다.

세계전 사에 유래를 찾을 수 없는 치열한 전쟁터였다. 전사자의 시신이 구릉을 이루었고, 계곡의 물은 핏물로 가득했었다. 제공권을 장악한 연합군은 낙동강 줄기를 따라 B29기의 출격으로 낙동강 전선에 포진한 인민군 주력 부대에 융단 폭격을 감행했다. 적진지를 초토화한 덕분에 대구 시민은 피난길을 멈추었다. 낙동강 교두보 사수로 방어선이 구축되자 맥아더 장군은 인천 상륙 작전을 구상하였다. 상륙 작전 성공 확률은 오천분의 일로 생각했다는 일화가 전설처럼 전해 오고 있다. 한국의 켈로 부대가 월미도의 등대를 밝히며 상륙 작전은 성공적으로 이루어졌다. 수도가 함락된 지 3개월이 지나 9월 28일 서울이 수복되어 중앙정에 태극기를 게양할 수 있었다.

그로 인한 한·미 연합군은 10월 1일 38도선을 넘어 북진했다. 압록강까지 북진한 국군은 압록강 물을 수통에 담아 목을 적시며 통일의 날이 머지않을 줄 알았다.

그러나 백만의 중공 대군이 인해 전술로 한국전에 참전하게 되자 동절기에 1·4 후퇴가 시작되었다. 후퇴하는 과정에 동상에 걸린 장병이 수없이 많았다.

흥남 철수 작전은 1950년 12월 15일부터 열흘간 계속되었다. 북조선의 인민도 자유를 찾아 피난길의 행렬이 거미줄처럼 이어졌다. 흥남 항에 정박 중인 미군 함정에는 미국 10군단과 한국군 1군단이 피난민과 함께 철수하기 위해 군수 장비를 바다에 수장시키고 10만여 명을 남으로 후송했다.

한·미 연합군은 후퇴를 계속하다가 38선에 새로운 방어선을 구축하고 반격에 나섰다. 서부전선이나 동부전선에는 피아간에 공방전은 치열했다. 정전협정의 분위기가 익어가자, 백마고지며 철의 삼각지에서는 영토 확장을 위한 전투는 주야장천 계속되었고, 포격으로 인한 산야는 초토화되어 구릉으로 변할 만큼 지형이 변형됐다.

휴전협정으로 전쟁은 중단되었지만, 그로 인한 많은 미망인을 양산하였고, 상이군경의 사회생활은 비참하였다. 조국 대한민국을 지키기 위해 목숨을 초개와 같이 나라에 바친 국군 용사들의 영혼이 삼천리 방방곡곡에 메아리치며 가슴을 아프게 했다.

지금 다부동에는 6·25동란의 참상을 후세에 널리 알리기 위한 군경의 충혼비와 기념관이 있다. 나라를 지키다가 산화한 군·경의 위령탑이 치열했던 아픈 역사를 말해 주듯 눈보라와 갖은 풍상을 겪으며 묵묵히 서 있음을 볼 수 있다. 조국 대한민국을 수호하다가 전사한 호국 장병의 영령을 달래기 위한 유골 발굴 작업은 아직도 계속되고 있다.

  6월은 호국 영령에 대한 보훈의 달이다. 건국, 호국, 구국을 위해 순국하신 군·경 장병들의 영전에 추모의 글을 마친다. (2021년 대구의 수필)

이 한 몸 조국을 위해서

50여 수년 전 일이다.

남과 북이 이념과 이데올로기 갈등으로 냉전이 심각할 때다.

젊은 시절 문학과 영화 예술에 심취되어 서울 충무로와 사대문을 배회할 무렵 서울 인구는 600만 명이 채 되지 않았고 대구에는 80만 명이 살았다.

서울시청 서편에는 조선호텔과 반도 아케이드(arcade)가 있었으며, 건너편에는 삼성그룹의 모체인 삼성물산 본사 건물이 있었다. 유명 시장은 남대문시장과 동대문시장이 있었지만, 외국 관광객이 찾은 곳은 고려민예사와 반도 아케이드였다. 그곳에는 귀중품과 한국 제품을 홍보하는 장소로 외국인이 많이 찾은 관광지이기도 했다. 왕십리 방향에 워커힐 호텔이 있었으나 그 일대에는 농민들의 농경으로 분뇨 냄새가 코를 찌를 듯 진동하는 전형적인 농촌 마을이었다.

충무로에는 영화인들이 북적거리는 거리로 단역 배우라도 출현키 위해 경쟁이 치열하였고, 300원짜리 가락국수 한 그릇으로 허기를 때우는 시절이기도 했다. 정부는 청계천의 판자촌을 철거하고 고가도로 공사를 위해 전철 레일을 걷어내는 시기였다. 사대문 안쪽에는 미도 백화점과 화신 백화점이 유일하였다.

비록 휴전협정은 되었지만, 군사 분계선에는 피아간에 총성이 그치지 않았고 무장 공비 침투가 빈번히 출몰했었다. 정부에서는 경제 개발을 하고 싶어도 돈이 없어 차관을 얻기 위해 동분서주할 때다. 당시 국내에 미군이 칠만여 명이 주둔할 때 도시와 농촌에서는 미군을 상대로 먹고살기 위해 가출하는 사람이 늘어났다. 주한 미군은 토요일이 되면 이역만리 이국에서 고독과 외로움을 달래기 위해 일본 오키나와를 찾아 미화를 뿌리며 일본 여성으로부터 위안받으며 군 복무를 할 시기였다.

5·16쿠데타 후 군사 정부는 공직 사회에 군 복무를 마치지 않은 사람을 추출하여 국토 건설단에 편입시켜 군 복무를 대체할 수 있도록 혁명 정부는 과감한 정책을 실행하였다. 그 시절은 마땅한 일자리도 없고, 섬유공장이나 월부책 장사며 신문 배달 등으로 생업과 학업을 이어 간 사람들이 많았다.

나는 군 복무를 마치고 부산과 서울을 오르내리면서 백화점이나 수예점에서 외국으로 수출하는 인형에 고무 제품으로 만든 손가락 크기의 고무신을 납품했다.

특히 미군이 거쳐 간 아시아 지역에는 파란 눈동자를 가진 사생아가 많았다. 미국의 선교 단체에서는 동남아 한국의 사생아를 돕기 위한 운동이 활발하였다. 맨입으로 모금하기보다는 소형 장식품인 인형 신발을 선물로 주면서 선교 활동에 도움이 되겠다고 선교사와 계약을 한 바 있었다. 본보기를 배편으로 미국에 보냈으나 현지 도착 때는 제품의 색상이 변질하여 파기 환송되었던 사실이 주마등처럼 떠오른다. 나중에 알게 되었지만, 고무에서 나오는 아이나 성분이 분출되어 제품이 변색하고 말았다. 경험 부족으로 인한 사업 실패작이 되었다.

다양한 직업으로 전전해 보았지만 모두 신통치 못했다. 어느 날 임자가 나에게 하는 이야기가 있었다.

"이제 아이도 있고 하니 올바른 직업을 선택해야 하지 않겠습니까."라는 말을 듣고 어떤 직업이 좋을까 싶어 고심하고 있을 때 임자가 무심코 던진 말이

"당신 사주에는 권세가 들어 있으니 순사라도 하면 밥술 걱정은 안 하여도 되니 순경 시험에 응시해 보라고 권유했다." 듣고 보니 귀가 쫑긋해졌다.

30세가 되어 공무원으로 응시하기에는 늦었지만 주경야독하면서 도전해 보았다. 그 시대는 신체검사에 합격하자면 체중 55kg, 신장 165cm 되어야만 필기시험에 응시할 수 있었다. 다행히 합격통지를 받고 경북 경찰학교에 입교하여 6주간 교육을 이수 후 조건부 순경으로 배명 받아 임지로 떠났다. 당시만 하여도 시골의 읍 소재지에는 좀도둑과 폭력배가 득실했다. 나는 제복을 입고 밤낮으로 범죄 예방과 교통 정리도 하고 주민들과 친분을 유지하며 치안 유지에 열중하였다.

몇 개월이 지난 후 주민과 지방 유지들로부터 입소문이 자자했다. 파출소에 김 순경이 부임한 후로 좀도둑과 폭력배가 없어졌다고 이 구동성으로 칭찬이 자자하였다.

당시 경찰관의 정년퇴직은 50세이었다. 늦은 나이에 경찰에 입문하였지만, 범법자 검거, 병역 기피자, 인명구조, 첩보 수집, 기소 중지자 검거 등에 탁월한 능력을 발휘한 기억이 새삼스러워진다.

비록 늦은 나이에 공직에 입문하였지만, 청년기에 문학에 심취되어 다양한 책을 다독과 정독한 것이 공무 집행에 큰 도움이 되었다. 분기별로 업무 실적 평가를 하여 우수한 직원에 대한 표창이 있어 표창도 많이 받았다. 새마을 사업 유공자로 지사 표창도 받았고, 범죄 검거 유공에 대한 치안 본부장 또는 내무부 장관, 국무총리 표창과 주민들로부터 감사장 등 많은 표창을 받았다.

사복 근무를 할 때는 국가보안법, 반공법 위반 검거 송치 등으로

중앙정보부에서 건국 후 처음 실행한 우수 대공 요원으로 선발되어 산업 시찰하는 영광도 누렸다.

70년대는 남북이 냉전과 긴장 상태에서 남파 간첩 색출을 위해 동해안 2개 면에 파견 근무할 때 강원도에서 경북으로 편입된 울진군에 상주하면서 월북자나 남파 간첩 색출에 몰두하며 국가 안보에 이바지한 공적도 많았다.

내가 공직 생활하는 동안 신념처럼 새기며 가슴에 간직한 좌우명이 있었다.

生 爲 祖 國 生 死 爲 民 族 死

'사는 것도 조국을 위해 살고 죽는 것도 민족을 위해 죽는다.'라는 신념이 있었기에 대과(大過) 없이 모범 경찰관으로 정년퇴임을 할 수 있었다고 여긴다. (2022년 7월 11일 경산자치신문)

석양에 물든 금호강

금호강에 해가 저물어 온다.
노을에 물든 강물이 석양에 반사되어 붉은빛을 말하는 듯하다. 강변에 저녁노을이 짙어 갈수록 석양은 아름다운 풍광을 연출하는 듯했다. 강바람이 불어온다. 물결이 바람을 타는 듯 파도처럼 밀리어 왔다가 썰물같이 퍼져 나간다. 강물이 출렁거릴 때마다 너울을 만들었고, 노을에 물든 강물은 강 지류를 따라 멀리멀리 멀어만 갔다.
서쪽 하늘에 붉게 물든 석양은 지평선을 붉게 달구고 있다. 노을 진 금호강에 어둠이 깔리면 강변에는 실안개 같은 김이 피어오른다. 강기슭을 따라 옹기종기 흩어진 산자락의 초가집마다 솜털 같은 조개구름이 몽실몽실 산자락을 적시고 있다. 이때쯤이면 고기잡이 나갔던 통통배가 그물을 걷어 동구 밖 나루터에 정박할 때다.
오랜 세월이 지난 금호강 언저리의 풍광이기도 했었다. 세월은 강물 흘러가듯이 지난 옛이야기가 그 시절 금호강 언저리의 운치이기도 하였다. 지금은 그 풍경을 보고 싶어도 볼 수 없는 아련한 추억 속에만 머물고 있을 뿐이다.

　금호강의 상류인 대구 신천은 언제나 맑은 물이 흘렀다. 한여름에는 개구쟁이들의 놀이터로 물장난치는 수영장이 되었고, 해 질 무렵이면 여자의 빨래터가 되었으며, 어둠살이 끼고 밤이 깊어지면 누구나 목욕을 즐기던 대구 신천이기도 했었다.

　한국전쟁 때에는 한때나마 대구 신천변이 피란민의 생활 터전이었고 신천의 맑은 물을 식수로 사용했었다. 지금은 김광석 거리가 조성되어 대구를 찾은 관광객이 대구 신천과 수성 못을 찾아본다고 한다.

　신천은 무태에서 금호강을 만난다. 함수 된 물길은 두물머리에서 낙동강과 합류하여 칠백 리 뱃길을 따라 세월 가듯이 남해로 흘러간다.

　오늘도 노을에 물든 강물은 세월 가듯 돌아올 수 없는 물길을 따라 대해를 향하고 있다. (2021년 내일도 푸른 하늘)

왕부(王父)와 꽃대

　세상을 살다 보니 별소리를 다 듣고 있다.
　남녀 누구나 나이 들고 병마에 시달리면 죽어야 하는데 죽지 않아 걱정을 하소연하는 소리가 간혹 들린다. 늙으면 뒷방 손님이 되는가 보다. 젊어서는 할 일도 많았고, 하고 싶은 욕망도 있었겠지만, 나이 들고 보니 매사에 의욕도 없고, 하는 일 없이 소일하다 보니 삶에 대한 재미도 없어진다. 하물며 마음이 즐겁지 않으니, 밥만 축내는 식충이가 되는가 싶어 서글픈 생각이 앞선다.
　왕부도 한 때는 꽃 같은 청춘도 있었으나, 금혼식이 지나고 보니 너무 오래 사는 것 같아 자식들한테 짐이 되지 않을까 싶어서 근심거리다. 아무리 세상이 변하고 백 세 시대라 할지라도 너무 오래 산다는 것도 반드시 좋다고는 볼 수 없지 않겠나. 허리가 굽고 보행이 불편하게 되면 늙은이를 존경하기는 고사하고 젊은이로부터 고루한 어른 소리를 들을까 싶어 걱정이 태산이다.
　옛날 같으면 육십 세에 고려장 감이었는데, 백수를 산다고 하면 늙은이 소리를 듣기에 안성맞춤인 듯도 하다. 그만큼 세상은 좋아졌고 사람의 수명도 길어진 게 현실이다. 그래서 젊은이들에게 조금이라도 짐이 덜되기 위해 건강관리에 애쓰는 늙은이가 늘어가는 추세다. 특별히 하는 일도 없이 야산을 산행하거나 동네 복지관을 찾아 이웃과 소통하며 재미있고 유익한 시간을 보내기 위해 부지런히 움직이고 있다.

노동력이 없는 노인 인구는 늘어만 가고, 출산율은 떨어져 국가 장래에 심각한 근심거리가 아닐 수 없는 것이 우리의 현실이다. 육칠십 년대만 하더라도 먹을 것이 없어 둘만 낳아 훌륭히 키우자는 이야기도 이제는 옛날이야기가 되고 말았다. 그때는 둘만 키우는 환경에서도 골목이나 한 울타리 안에서 아이 울음소리를 들을 수 있었지만, 이제는 가정마다 아기 울음 대신 독신자나 노부부가 태반을 차지하고 있다. 농촌에도 젊은 농사꾼은 볼 수 없고, 칠십 대의 노인들만이 힘겨운 농사일에 허덕이는 실정이 오늘날의 농촌 풍경이 아니겠는가.

도시의 아파트 단지 놀이터에는 눈망울이 초롱초롱한 어린아이들이 구김살 없이 노는 것을 보아 희망스럽다. 학교 수업이 끝나면 학원에 가거나 가지 않은 아이들은 놀이터에서 활달하게 노는 것을 보아 떠오르는 태양처럼 미래의 그림이 그려지기도 한다. 이제는 가정마다 한 아이라도 훌륭히 양육하기 위해 부모는 노심초사하며 열정을 다 하는 처지다. 귀하게 키운 자식일수록 버릇이 없다는 이야기가 있듯이 요즘 아이들은 어른을 공경할 줄 모른다.

어찌 보면 가정교육이 미흡한 탓도 있겠지만, 애지중지 귀하게 키우다 보니 어려서부터 예의범절을 모르고 막무가내로 성장한 것이 습관화되지 않았나 싶다. 그렇다 하더라도 조부모 슬하에서 성장한 아이들은 우선 생각부터가 다른 듯했다. 왕부로부터 은연중 새겨들은 삼강오륜의 붕우유신이나 부자유친의 글귀가 몸에 밴 아이는 행실이 남들과 다른 듯하였다.

지금 우리 사회는 너무나 안타까운 사연이 많이 보인다. 젊은이가 백주에 술이 만취되어 길거리에서 싸움하거나 언사가 입에 담지 못할 말을 다 하고 있다. 아무 거침없이 하는 것을 보아 여러 가지 생각이 들 때가 있다. 장닭이 없는 집안이거나, 불화의 가정, 편모슬하나 부모 없이 자란 아이는 성장해서라도 유년기의 그 영향을 받지 않을 수 없는가 싶었다. 비록 경제는 풍요롭게 성장했을망정 윤리와 도덕은 땅에 떨어진 지 오래다. 오늘날 우리의 삶에 행복감을 느끼지 못한다는 이야기를 듣는다. 우리네 생활은 풍요로울지 모르나, 인정미 없는 사회가 되고 말았다. 계층 간에 소음 문제로 살인 사건이나 도로상에 난폭 운전으로 시비를 보아 안타까운 마음이 간절하다. 오히려 이웃 간에 정 문화가 넘치는 그 옛날 그 시절이 그리워진다. 사람이 살아가는데 경제력을 무시할 수 없겠지만, 인생이 삭막해지는가 싶어 노파심이 앞을 가린다.

동남아의 캄보디아를 여행해 보면 그들의 삶은 우리의 70년대와 흡사하다. 그러나 그들은 비록 못살아도 행복감을 느끼며 산다고 한다. 씨엠립은 캄보디아의 2대 도시다. 수상 인구를 포함하면 7만 명이 자유롭게 행복한 마음으로 살고 있다. 물 위쪽에 사는 2만 명은 캄보디아 사람이 아니므로 육지에 살고 싶어도 살 수 없다. 난민인 탓이다. 불결한 환경으로 수명이 40세를 넘기지 못한다고 한다. 국토는 80%가 황토며 기온은 3월~6월에는 40℃~45℃로 농사는 연 3~4회 경작한다고 한다. 면적은 남한의 2.4 배가 되며 불교를 숭상하며 내륙지의 5만 명은 평화로운 삶을 즐기며 그들의 행복지수는 세계 5위다.

한때 시아누크 국왕이 폴포트를 프랑스로 유학 보냈다. 유학을 마친 폴포트가 캄보디아에 돌아와 인구가 900만 명일 때 중국에서 무기를 수입했다. 청년단을 조직하여 훈련하고 총기를 지급했다. 자국민 가운데 손바닥이 깨끗하거나 안경을 낀 지식인 300만 명을 무차별 살해했었다. 악명 높은 킬링필드 사건이다. 폴포트는 1차 산업인 농사만 지어도 잘살 수 있다고 하며 식자층을 잔인하게 도륙하였다. 캄보디아의 2대 도시인 씨엠립에는 노인과 2차 산업인 제조업을 볼 수 없다. 1차 산업에서 2차 산업을 거치지 않고 3차 산업으로 경제 정책을 세운 유일한 국가다. 그곳에 우리 교민 500명이 식당업이나 3차 산업에 종사하며 교민회가 조직되어 활성화되어 있다.

 사람은 누구나 인생이 즐겁고 행복한 삶은 건강과 무관하지 않은가 싶다. 행복이란 어느 누가 만들어 주는 것도 아니고 자기 스스로 남을 위해 봉사하며 베풀겠다는 마음가짐이 행복의 척도가 아니겠는가?

왕부도 한때 좋은 시절이 있었지만, 흐르는 세월 앞에는 어쩔 도리가 없나 싶었다. 그러나 꽃대는 우리의 미래 희망이며 일출을 보는 것 같고, 잔소리꾼 왕부는 저녁노을에 물든 황혼이 아름다운 것처럼 왕부와 꽃대가 지혜를 모아 조화를 이룬다면 풍요로운 삶의 의미를 느낄 수 있을 것 같아 노소동락(老少同樂)이란 말이 있었지 않았나 싶어진다. (2016년 이후문학 44호)

청량산 하늘다리

산천은 생동감이 넘치나 말이 없다.

단지 바람 같은 물소리와 산새의 울음만이 산천의 적막감을 깨뜨릴 뿐이다. 청명 곡우 때가 되면 산야는 연초록 물감으로 가득하다. 봄바람도 계절에 따라 훈훈하고 상쾌한 향기를 느끼게 된다. 봄을 즐기며 산행하기가 좋은 시기다.

지금은 농촌 놀이 문화도 많이 달라진 모습을 보게 된다. 농번기가 끝나면 농민들은 찢은 피로감과 휴식을 즐기기 위해 관광지를 찾아 음률에 맞추어 춤을 즐기던 때가 있었지만, 지금은 그 문화도 찾기 어렵다.

오직 산행을 통하여 명성 고적지를 찾아 기암괴석과 자연 속의 풍광을 즐기는 놀이 문화를 즐기는가 싶다. 이제는 농촌도 노령화되었고, 젊은이는 생업을 위해 도시로 떠났다. 놀이 문화를 주도할 사람도 없는 듯하다. 산행을 통한 삶의 즐거움과 건강관리에 심취하는 모습이 절실해 보인다.

경북 봉화에는 청량산이 있다. 연화봉 아래 산 가장자리에 청량사가 있으며 사찰을 둘려선 장인봉(870m) 외 11개의 산봉우리가 병풍처럼 늘어져 낙동강을 굽이 살피는 듯하다.

청량사는 연화봉 기슭 한가운데 연꽃처럼 둘러쳐진 자리에 있는 청량하고 고귀한 사찰이다. 신라 문무왕 때 원효대사와 의상대사가 창건하였다고 한다. 그 후 송광사의 법장 고봉 스님에 의해 중창된 고찰이기도 하다. 청량사는 여러 전설(傳說)도 많다.

원효대사가 수도를 위해 머물렀던 웅진전과 우물을 만들어 즐겨 마셨다는 원효정이 있고, 의상대사가 수도했다는 의상대가 있다. 그 뒤로는 거대한 금탑봉이 병풍처럼 돌렸다. 아래로는 천 길 낭떠러지 바위가 마지 9층으로 이뤄진 금답 같은 모양을 하고 있다. 고운 최치원 선생이 물을 마신 뒤 총명해졌다고 하이 총명수가 있으며, 웅진전은 고려 말 노국공주가 16나한상을 모시고 기도로 정진한 곳이기도 했었다. 청량 폭포에서 공원 관리소로 가는 길목에 퇴계 선생 시비도 보게 된다.

청량사를 지나 가파른 급경사 산길을 오르다 보면 자란봉과 선학봉을 연결한 청량산 하늘다리를 볼 수 있다. 해발 800m 위치에 설치된 다리로서 국내 산악 현수교로서 가장 길고 높은 다리로 100여 명이 동시에 건너도 안전상에 문제가 없다고 한다. 길이 90m 높이 70m 넓이 1. 5m로 1년간의 공사 기간을 지나, 2008년 5월에 준공된 산악 현수교이다. 그러나 바람이 심하게 불어올 때는 하늘다리가 출렁거리기도 한다.

청량산의 하늘다리가 준공된 후 많은 사람이 산악 현수교를 구경하기 위해 찾았다. 심지어 주차장에 버스가 주차할 장소가 없을 정도로 전국적으로 유명세를 치르기도 하였다.

청량산은 태백산에서 갈려 일월산의 서남쪽 지점에 우뚝 솟은 신령한 산으로 봉화군 재산면 남면리, 명호면 북곡리, 안동시 도산면, 예안면과 접경을 이룬 도립공원이다. 예부터 소금강이라 불릴 정도로 자연경관이 수려하고 기암괴석이 장관을 이루고 있는 산으로 전남 영광의 월출산, 경북 청송의 주왕산과 더불어 우리나라 3대 기악(奇嶽)으로 알려져 있다.

산의 암석은 변성 암류와 퇴적 암류로 되어 있는데 퇴적 암류가 주종을 이루고 있는 것이 특징이다. 청량산은 주세붕이 명명한 열두 봉우리를 주축으로 하고 있고 태백산 황지에서 발원(源)한 낙동강이 산의 웅장한 절벽을 끼고 유유히 흘러 산봉우리마다 숱한 신화와 전설을 간직하고 있는 유서 깊은 산이다. 이 산은 1894년 갑오개혁 이전까지는 안동에 속해 있다가 1895년 행정구역 개편 시 봉화군에 속하게 되었다.

나는 산이 좋아 청량산을 2회에 긍하여 산행한 바 있었다. 공직 생활을 마치고 청마 산악회를 통한 청량산을 일주한 바 있었다. 산행 출발지인 입석에서 웅진전, 김생굴, 자소봉, 탁필봉, 연적봉, 자란봉, 하늘다리, 선학봉, 청량산의 가장 높은 주봉인 장인봉의 철사다리를 타고 정상을 정복한 것이 어제 같으나 벌써 20 수년이 지난 옛이야기가 되었다.

그 후 청량산의 하늘다리가 자란봉과 선학봉을 잇는 산악 현수교가 설치된 후 대구 경우 산악회의 옛 동지들과 청량산 산행에 동참했다. 짧은 코스를 선택하여 청량사를 거쳐 연화봉으로 가는 지름길을 선택했었다. 연화봉에서 내려다본 청량산 기슭을 굽이굽이 돌아가는 낙동강 강물의 풍광을 즐기며 계곡에서 올라오는 신선한 바람에 피로한 몸을 추스르며 일행과 더불어 환담을 한 시절이 이제는 아름다운 추억의 한 토막이 되고 말았다.

매월 4주 차 토요일이 되면 산행 안내 문자와 경우 카페 게시판에 자세한 홍보와 산행에 참여할 명단이 올라온다. 지금까지 이십 수년간 산행을 통한 건강에는 도움이 되었지만, 무리한 산행으로 인한 양 다리의 연골이 닳아 조심스럽기도 해진다. 산행에 참여하면 항상 정상을 오르다 보니 다리의 연골에 무리가 왔나 싶다. 지금은 산행지를 선별하고 있다. 어쩌다 정상을 갔다 오면 무릎의 연골 문제로 정형외과를 찾은 것이 일상화되고 보니 의사는 평지는 걷더라도 산행을 자제하라고 권유하고 있다. 젊은 시절에는 별문제가 없었으나 나이가 늘어 가고 보니 자성(自省)하는 마음으로 가벼운 운동과 연골 영양 주사약으로 대처하기도 한답니다. 봉화 청량산은 산세가 너무나 아름답다. 지금쯤 단풍에 물든 청량산 풍광을 생각만 하여도 가슴이 설렌다. 산천을 곱게 물든 단풍 물결이 민물처럼 밀리어와 가슴에 수채화를 그리는 듯하다. (2020년 2월 28일 경산자치신문)

시골 장터

   3·8일은 군위 읍내 장날이다.
   마을마다 아낙네들은 괴나리봇짐을 맺거나 머리에 이고 장터로 간다. 촌노는 소 달구지를 타고 덜거덕거리며 장터로 가는 행렬이 전형적인 농촌 풍속도이었다. 농촌은 대개가 집성촌을 이루며 옹기종기 모여 살고 있다. 장날이 닥치면 다양한 농산물을 여러 보따리에 챙기기에 바쁜 날이다.
   그 당시만 하여도 읍내에서 양조장을 경영하거나 과수 농사를 짓은 사람은 비교적 생활이 풍족했다. 그러나 대다수 농민은 올해 지은 농산물을 수확하면 도시에 사는 아들, 딸에게 줄 것과 먹을 것을 남겨두고 장터에 내다 팔아 일용 돈으로 쓰거나, 또는 돼지 새끼나 송아지를 사들이기도 하였다. 농촌에서는 가축을 길러 재물(財物)을 부려가는 방법이 유일한 생활 수단이기도 했다.
   1980년대만 하더라도 어미 돼지 두 마리면 한 자녀의 대학 학자금이 충당되었던 시절이 있었다. 장날이면 각 지역에서 모여든 농민들이 분주하게 움직인다. 농산물을 팔거나 사거나 물물 교환이 장터에서 이루어졌다. 도시 상인들은 좋은 농산물을 구매하기 위해 이곳저곳 장터를 헤집고 다닌다. 그러다가 정오가 가까워지면 난전에 가마솥을 걸어 놓고 김이 무럭무럭 나는 국밥 가게나 국숫집을 찾는다. 점심 한 끼를 때우기 위해서다. 우연하게도 장터에서 친정 식솔을 만나면 서로의 안부며, 올해 농사 이야기며 출가한 친구들의 소식으로 이야기의 꽃을 피운다. 장터에서 친정 식솔을 만나게 되면 친정에 온 것처럼 착각을 느끼기도 한다.

 시골 장터의 풍광은 우리네 인생살이의 한 풍속도를 연상케 한다. 숙희가 시골 장터를 찾은 것도 벌써 수십 년이 지났다. 남편이 간암으로 세상을 뜨고 어린 남매를 키우기 위해 장사 길을 택했다. 1톤짜리 트럭을 사들여 시골의 장날을 찾아다녔다. 오늘은 군위장, 내일은 왜관장, 모레는 동명 장터로 운행하면서 농작물을 사들여 이웃 사람에게 팔았다. 날이 가고 세월이 지나다 보니 장터에도 단골 거래처가 형성되었다. 언제나 품질이 좋은 우리 농산물을 사들여 도시 소시민에게 판매했다. 세월이 거듭될수록 단골손님은 불어만 갔다. 그녀가 사들인 농산물은 언제나 믿음과 애정이 간다고 이웃 사람들은 이구동성이다.

 계절에 따라 생산되는 농산물 주문을 받은 것도 오직 신용과 믿음이 있었기 때문이다. 십여 년 전 청상과부(靑孀寡婦)가 된 그녀가 처음 장사 길에 들어설 때 사납고 험악한 장터 분위기를 눈여겨보고 아찔했다 싶었다고 한다. 장사는 아무나 하는 것이 아니었구나! 생각도 해 보았다. 장사 하려면 장사꾼이 되어야 하겠다고 다짐도 했다. 사람은 환경 변화에 따른 시대 흐름에 적응하려면 자신부터 변하지 않고서는 안 되겠다고 생각했었다. 장터에서 처음 닥치는 어려움 극복이 쉽지 않았다. 우선 장사꾼이 되려면 장돌뱅이처럼 변해야 하겠다고 다짐했던 것이 벌써 십여 년이 지나고 보니 장터에도 인맥이 쌓이는 형국이 되었다.

시골 아낙네는 그녀에게 자기네 농산물을 사들여 줄 것을 간청하는 일이 허다했다. 품질이 좋은 농산물을 구입하여 도시의 이웃이나 소시민에게 판매하는 그녀한테도 단골손님이 해가 거듭될수록 많아만 갔다.

이제는 시골 장날이 서는 지역과 날짜가 눈에 선해졌다. 장사를 처음 시작할 당시 초등학교 5학년이던 숙희가 대학 3학년이 되었다. 그동안 곡물 가게도 마련하고 생활의 터전도 잡았다. 부군이 간암으로 세상을 떠날 때만 하여도 아이들과 어떻게 살아야 할지 막막했다. 당시에는 청정 하늘에 날벼락을 맞는 것처럼 앞이 캄캄했던 그녀였다. 지금은 아이들도 성장하였고, 예전에는 이웃 사람들의 도움도 많이 받았으며, 어렵게 살아온 지난 과거를 돌이켜 생각해 보면 추억처럼 느껴지기도 하였다. 그녀도 남의 도움을 받았던 옛일을 생각하면서 지금은 적은 정성이나마 남을 돕는 일에 인색하지 않았다. 인간이 살아가는 데 남의 도움을 받았던 사람은 언젠가는 그 도움의 고마움을 느끼며 주변에 어려운 이웃이 있으면 솔선수범하는 그녀이기도 했었다. 그로 말미 맘은 그녀의 곡물 가게도 더욱 번창하였고 삶에 대한 보람과 즐거움을 만끽하고 있는 듯했다. 언제나 그녀의 얼굴에는 밝고 맑은 표정이 이웃 사람들과 희로애락을 같이하고 있는가 싶었다. (2015년 영남문학 봄호)

효도(孝道)

　형준은 대구에서 고등학교를 졸업했다. 대학 진학은 한양공대를 지원한다고 하였다. 고교 시절 학교 성적은 항상 상위권이었고, 매사에 성실하고 자신감과 용기 있는 학생이었다. 그는 대학 입시를 치르기 위해 하루 전 서울로 갔다. 그의 부모는 혼자 서울 간 아들이 걱정되었다. 얼마간의 세월이 지난 후 합격자 발표 날이 다가왔다. 그의 어머니는 마음이 불안하고 초조했었다. 자식을 혼자 서울로 보낸 후 답답한 마음을 표현하지 못하고 고심하는 듯했다.
　형준은 대학 입시 합격자 발표 날이 내일이라고 하면서도 덤덤한 표정이 어머니의 가슴을 더욱 애타게 했다. 평소 말 없는 아버지를 닮아 과묵한 성격 그대로였다. 대학 입시 시험에 합격할 것을 알면서도 입학금 문제로 기쁜 마음이 아닌 형준이다.
　양친이 입학금 준비에 고심하는 것을 본 백부가 입학금을 마련에 도움을 주기도 하고, 서울서 대구에 내려오면 이따금 여비도 주었다. 형준은 무슨 일이든지 성실하고 성취감과 매사에 의욕이 강한 학생이기도 했다.

대학 2학년 때 징집 신체검사를 하였다. 시력이 좋지 않아 방위산업체 근무 판정을 받았다. 국가에서 지정한 산업체에 2년간 근무하면 군 복무를 필하는 대체 복무였다. 형준이가 방위산업체를 물색 중일 때 백부가 근무처를 알선해 주었다.

형준은 새벽 5시가 되면 성서공단의 방위산업체로 출근했다. 근무처를 가기 위해 버스를 두 번 갈아타야만 하였다. 산업체 일은 젊은 사람이 기피하는 3D 업종이다. 염색 색소를 취급하는 현장은 중노동이었다. 그렇지만 형준은 맡은 일을 열심히 했다. 견습 기간에도 지각 한 번 하지 않은 성실한 학생이었다. 경영주도 저 학생처럼 근면 성실한 학생은 처음 보았다고 칭찬이 자자했다. 형준의 근무처는 남들이 기피하는 염색 업종으로 군 복무를 대체하기 위한 일자리였다.

방위산업체에서 2년간 근무하면 군 복무도 마칠 뿐 아니라 학자금도 마련할 수 있는 좋은 직장이라고 자랑했다. 2년간의 군 복무를 마치고 제대 날짜가 다가올 무렵 그의 통장에는 이천오백만 원이라는 거금이 저축되어 있었다.

군 복무를 마치고 대학 2학년에 복학했다. 3학년 한 학기를 마치고 어학연수를 결심하였다. 처음 간 곳이 필리핀의 6개월짜리 코스를 선택했다. 마닐라 시엔에어 학원에 연수를 마치고, 영어의 본산지인 아일랜드 골웨이 시의 아틀란틱 학원으로 건너갔다. 부족한 영어 실력을 향상하기 위해서였다.

형준이 대학 4학년이 되었을 때 영어 실력은 월등히 좋았다. 무슨 일이든 한번 시작하면 성취하는 학구열이 대단한 학생이었다.

공대에서 전자 기계를 전공했으니 포항 제철소에 입사 시험을 보았다. 많은 경쟁 속에 당당히 합격했다. 막상 선호했던 직장에 입사했으나 전공 분야가 아닌 소조 모임의 총무직을 맡았다. 사내 기숙사 생활을 하며 몇 개월 동안 총무 일이라는 것이 전공 분야와 동

떨어진 잔심부름하는 일에 흥미가 없었다. 백부가 포항 제철소에 산업시찰을 갔을 때 형준은 미래에 대한 전망이 없다고 사임하겠다는 이야기를 한 바 있었다.

　포항 제철소가 국영기업체에서 민영화된 후 새 출발 하는 젊은 사람에게 미래에 대한 비전을 주지 못한 것이 퇴사하게 된 동기가 아니었는가 싶다.

　그는 아직 미혼이다. 남들이 부러워하는 직장을 9개월 만에 포항 제철소를 사직했다. 몇 개월이 지나 이듬해 한국 전력에서 분리된 공기업에 응시하였다. 본사가 울산 기장에 있는 한국수력원자력 발전소에 응시하여 우수한 성적으로 합격했다. 처음 출근하자 근무 부서를 지정받았다. 숙소는 해운대의 오피스텔로 배정받았다. 형준의 마음은 흡족했다. 근무지는 지하실에서 전기를 생산하는 발전 부서였다. 대학에서 전공한 분야라 일에 대한 흥미와 보람을 갖게 되었다고 한다.

　그로부터 3년이 지난 어느 날 부모가 거주하는 대구에 올라왔다. 난데없이 부모님이 노후에 편히 사실 집을 마련해 두었으니 이사를 해야 한다고 했다. 양친은 아무 영문도 모르고 무슨 이야기를 하는지 모르겠다고 반문한 바 있었다. 형준은 가지고 온 봉투에 든 서류 뭉치를 내밀었다. 새 아파트를 마련한 등기 서류였다. 형준은 엄연한 사회인으로 성장하였고, 부모님께 효도하는 자식으로 성숙해 있었다. 노후의 부모님을 위해 교통이 편리한 지하철 역세권에 새 아파트를 마련한 것을 보아 효성이 지극한 자식이기도 하였다.

　형준은 부모님께 효도하는 마음씨가 아름답고 효성이 지극한 효자였다. (2022년 한국경찰문학)

불혹지년(不惑之年)

 이른 새벽이다. 강가에는 아직 물안개가 자욱하다. 강물이 풀리면서 여명(黎明)이 찾아온다. 낙동강의 지류(支流)인 금호강에도 봄 단장이 한창이다. 4대강 사업에 따른 동촌 유원지에는 대구 시민의 애환과 추억이 담긴 영상이 강물에 파노라마를 일으키는 듯 오버랩된다.
 유원지 곳곳에 장식된 조형물은 봄나들이 상춘객의 시야를 즐겁게 하는 듯했다. 젊은 연인들의 옷차림에서 봄은 깊어만 가고 치맛자락에도 아지랑이가 아롱거린다.
 주변 야산에는 동백꽃이 군락을 이루고 있다. 4월 중순이 되면 진달래꽃은 지고 연분홍의 철쭉꽃이 아름다운 꽃 몽우리를 드러낸다. 아직 봄날이라 하지만 가끔 먹구름에 가린 석양이 되면 강변을 산책하던 사람들도 옷깃을 여미며 몸을 움츠리는 듯하다. 대구의 날씨는 봄날의 꽃샘추위처럼 변덕이 심하다.

자연환경도 생태 변화에 부응이라도 하듯 미생물도 생태(生態)에 적응하듯 꿈틀거리기도 한다. 초식 동물도 주변 환경 변화에 민감하게 반응하며, 생태계의 현상 활동을 반복하고 있다. 인간의 삶도 자연처럼 새로운 생명을 창조하고 미지의 세계를 개척하려는 열정이 치열하다. 그래서 사람은 누구나 미래 세계에 도전과 좌절을 거듭하면서도 그 무엇을 성취하고자 하는 욕망을 간직하며 부단한 노력을 하고 있다.

세상사 출신 성분과 성장 배경이 다른 남녀가 서로 결합한다는 것은 인륜(人倫)의 대사다. 두 가문의 남녀가 만나 부부란 인연이 맺어지면 새로운 가정이 형성된다. 정(情)의 문화가 두 사람의 사이를 더욱 결속시키기도 한다. 부부는 새로운 보금자리를 마련하고 자식을 출산하고 키우다 보면 언젠가는 부모의 둥지를 떠날 때가 있다. 그때가 되면 어느새 아낙네는 중년에 들어선 불혹지년이 된다. 여인이 불혹지년이라는 중년층에 들어서면 어느 곳에도 미혹(迷惑)되지 않으려고 고심하며 생각이 복잡할 때가 있다. 불혹이란 문턱에서 새로운 것에 도전해 보려는 욕망이 앞서다 보면 어느 한쪽 마음이 쏠리기 마련이다. 그래서 요사이 결혼 풍속도가 많이 변했다고 한다. 다소 경제력이 있는 여성일수록 미래를 대비하여 연하의 남성을 선호하는 추세다. 이런 경향은 해마다 증가하는 것으로 보아 점차 현실로 다가오는 듯했다.

세상은 다변화되었고 여성의 사고방식도 많이 변한 듯하다. 여성의 사회 참여도가 높아짐에 따라 여권도 신장하였고, 수백 년 동안 전통을 지키며 살아온 가정사도 가부장적 제도에서 그 중심축이 안방마님 쪽으로 쏠리는 경향이 뚜렷하다. 고도의 산업 사회는 전통문화를 말살시켰고 자연환경도 많이 훼손되었다. 심지어 인간의 생명줄이라 할 식수도 많이 오염되었다.

북극의 빙하는 해마다 녹아 해수면이 높아지고 지구 온난화로 해류가 상승해 지구촌 곳곳에 기상 이변이 종종 일어난다. 빙하는 조류(潮流)의 흐름마저도 바꾸어 놓았고 생태계의 이변을 만들고 있다.

  기온이 상승하는 동북아시아는 현재의 삶보다 미래가 평탄할지 그렇지 않으면 더욱더 고달픈 삶이 될지 아무도 모른다. 지구촌 곳곳에는 지구를 살리기 위한 오염 방지를 위한 녹색 바람이 불고 있다.

  시대 흐름을 보드라도 우리가 직면한 가정 문화도 남성 위주에서 양성평등이 되어야 한다는 여론이 자자하다. 주부가 바로 서면 나라가 바로 선다고 했다. 도덕적으로 청렴하고 윤리적으로도 부정과 부패가 오염되지 않는 곳이 있다면 그래도 여성이 아닐까 생각된다.

  세월이 강물처럼 흐르고 주변 환경이 정화되어 쾌적한 환경이 조성되면 낙동강 지류인 금호강 둔치에도 새로운 문화가 조성되고, 고령 강정보로 인한 대구가 내륙지의 항구를 겸한 관광 도시가 될 것 같다. 자연환경도 인위적 작용으로 변하듯이 여인도 불혹지년이 되면 미래를 대비해 마음의 갈등이 부질없이 심오해지는가 싶다.
(2020년 이후문학)

---

*不惑之年 : 공자가 마흔 살부터 세상일에 미혹하지 않았다고 하여 쓰이는 말.

모정(母情)

청명한 밤하늘에 보름달이 휘영청 둥실거린다.
달 밝은 밤이면 장독 위에 정화수 한 그릇을 떠 놓고 두 손 모아 비는 어머니를 볼 수 있다. 한 가지 소원을 풀기 위해 삼신님께 두 손 모아 기도하는 모습을 본다. 무속신앙을 숭배하는 주문 외우는 소리는 고요한 밤하늘에 적막을 깨트리는 듯 애절한 사연이 가슴에 파고드는 듯 애달파 보인다.
한집안의 대를 이를 자손을 얻기 위해 삼신님께 기도하는 풍속(風俗)이 있었다. 비녀를 뽑고 명태 머리로 끓인 물에 머리를 감으며 몸단장을 한 어머니는 두 손 모아 삼신님(三神)께 빌고 또 빈다. 아들을 태기(胎氣) 해 달라고 하소연하기도 한다. 신령님 전에 빌고, 조상님께 빌며 공덕을 쌓아 얻는 자식이기에 애틋한 사랑은 태산보다 높고 바다보다 깊다. 어렵게 얻는 자식을 위해 먼동이 트기 전에 이 십리 길을 멀다고 하지 않고 봇짐을 이고 산자락을 돌고 돌아 하천을 건너 장터로 갔다. 자신이 배우지 못하고 성취하지 못한 그 무엇을 자식에게 얻고자 하는 부모들의 욕구(欲求)인지 모른다. 갖은 고생을 하면서 어렵게 키운 자식이라 할지라도 성장 후 의젓한 성인이 되면 부모 곁을 떠나기 마련이다.

사람은 누구나 늙고 외로우면 자식에게 의지하려는 것이 인간의 본능이 아니겠는가. 그래서 자식을 훌륭한 사람으로 키우기 위해 궂은일도 마다하지 않은 것이 한국 여인의 어머니상이 아닌가 싶다. 작금의 세태는 서구 문물의 유입과 물질문명의 만능으로 핵가족화로 세상은 너무나 많이 변했다. 자식도 성장하면 일가를 창립하고 직장 따라 부모 곁을 떠나지 않을 수 없는 것이 현실이다. 부모의 거동이 불편해지고, 늙어 병들면 정성을 다하여 어른을 공경하는 것이 우리 고유의 미풍양속이었다. 그러나 현실은 그렇지 못한 듯했다. 전통적인 가족 제도가 붕괴하고 시대 변천에 따라 핵가족화로 이산가족처럼 분산될 수밖에 없는 현실이 지금의 세태다. 흔히 하는 이야기가 자식도 품 안에 있을 때 자식이지 성장하여 일가를 창립하게 되면 삶의 터전을 따라 흩어지게 마련이다.

이젠 우리 사회도 고령화 시대다. 신생아 출산은 점차 감소하고 노령화 현상이 두드러진다. 의료 기술 발달과 복지제도 개선(改善)으로 노인 인구는 증가 추세다. 한국도 멀지 않아 초 고령 사회다. 고령화된 사회에 노년층도 이제는 자식한테 의탁하지 않을 여고 몸부림치는 것이 현 실정이다. 고령임에도 건강이 허락된다면 무슨 일이든 할 일을 찾아보겠다는 욕망이 충족된 노인층이 많아진 듯싶다. 옛날처럼 자식에게 노후를 의지하지 않고 인생의 황혼기를 스스로 준비하려는 관념이 생활 관습을 바꾸어 놓았다.

요사이 며느리는 시부모를 모시지 않겠다는 것이 사회적 통념처럼 되고 있다. 그뿐만 아니라 시부모님과 친정 부모님 사이에도 효도가 차별화되고 있는 듯 서운한 마음이 여기저기 묻어나는 듯했다.

시골은 도시와 달리 노령 사회가 더욱 심각하다. 젊은이가 떠난 농촌에는 나 홀로 사는 노인들이 늘어만 가고 있다. 객지 생활을 하는 자식들은 그저 부모님의 생신이나 어버이날이며 명절에 다녀가면 자식으로서 할 도리를 다한 것처럼 여긴다. 그러면서도 며느리들은 아이들이 성장할수록 사는 집이 비좁다고 투덜거리기도 한다. 시골의 전답이라도 처분하여 큰집으로 이사하여 어머님을 편히 모시자고 남편을 부추긴다. 어린 손자 손녀를 돌봐주시는 것도 어머님께 즐거운 일이고 시골에 혼자 외롭고 쓸쓸한 생활도 정리하실 겸 전답을 처분하여 합가하기를 바란다.

세월이 강물처럼 빠르다 보니 어느덧 손자 손녀가 성장하여 대학생이 되니 시어머니는 존속 가치가 희박해졌다. 노령에, 병석에라도 누우면 며느리로부터 소외당하기 일쑤다. 그로 인한 고부간의 갈등이 부부 싸움이 되고 며느리는 어머님과 함께 못 살겠다고 엄살을 부린다.

시어머니는 시골의 재산을 처분하여 자식한테 다 준 처지라 노령에 몸을 의탁할 마땅한 곳이 없어 외로움에 삶이 고달프고 고독해진다. 그래서 양로원에 보내 달라고 요청하는 경우도 없지 않은 듯했다. 부양가족이 있는 노인은 무료가 아닌 유료 요양원에 갈 수밖에 없었다. 매월 보내는 요양비도 달이 가고 해가 지날수록 부담스러운 처지다.

어느 날 자식 내외가 요양원을 찾아왔다. 매일 요양원에만 있지 마시고 바람도 쐴 일 겸 여행을 떠나자고 제안한 바 있었다. 아들과 며느리가 타고 온 차에 벅찬 마음으로 동승했다. 복잡하고 정감(情感)이 가지 않은 서울을 떠나 고속도로를 질주하는 어머니의 마음은 구름 위를 걷는 것처럼 마음이 황홀했다.

남해항 포구에서 맛있는 식사도 하고 바닷길을 따라 어촌이며 삼천포 대교로 사천의 연륙교 등지로 관광하며 어머니는 행복감을 느끼며 차내에서 잠이 들었다. 황혼 무렵 이름 모를 야산 자락 한적한 도로에 차를 정차시킨 뒤 어머니를 차에서 잠시 내리시게 했다. 간식을 사 올 테니 아무 데도 가지 마시고 잠깐 이곳에 기다리시면 돌아오겠다는 말 한마디를 남기고 떠나 버린다. 어머니는 그 말만 믿고 해가 저물도록 기다려도 돌아오지 않은 아들이 교통사고라도 났을까 싶어 근심 걱정으로 애를 태운다. 명색(名色)이 아들은 중앙 부처 고위 공직에 재직 중이고, 며느리는 교육계 종사하는 교사이지만, 어머니는 원망스러운 마음이 민물처럼 차오르는 듯했다. 혹시 누가 물어보아도 자식의 신분이 드러날까 싶어서 묵묵부답이다. 말 한마디 잘못했다가 자식의 신상에 불이익이 돌아갈까 싶어 걱정이 앞서는 어머니다. 그 순간 "무자식 상팔자"라는 말이 귓전을 스치는 듯했다.

  해가 저물고 밤을 새웠다. 먼동이 터지고 동녘 하늘에 햇살이 대지를 적셔도 아들 내외는 돌아오지 않았다. 그제야 자신이 자식으로부터 버려졌음을 알게 된 노모는 한없이 눈물을 흘리며 인생무상을 절감케 한다. 어떻게 키운 자식인데 통탄한 마음을 쓸어안으며 무거운 발길로 통영 미륵산 자락 암자를 찾아간다.

  통영의 미륵산 도솔암자에 고양 주 보살로 암자에 취업하여 아들 내외와 손자 손녀를 위해 기도드리는 어머니의 사랑은 태산보다 높고 바다보다 깊다고 하지 않았겠는가. (2023년 대구의 수필)

한국전쟁과 남북통일

우리 민족 최대의 과제인 남북통일의 길이 요원해 보여 안타깝다. 그러나 그 방법은 있을 수 있다. 지금 한반도에는 두 체제가 공존하며 정전 중임에도 북한의 도발은 멈추지 않고 있다. 비록 정치적인 이념과 이데올로기 갈등으로 인한 분쟁이 있지만, 남과 북은 엄연한 한민족 공동체이기도 하다.

남과 북이 38도선을 경계로 분단된 것은 우리 민족정신과 상관없이 강대국에 의해 오늘날 분단된 것이 조국 대한민국의 운명이다. 내륙 세력인 소비에트 연방 소련은 팽창 정책의 하나로 얼지 않은 항구가 필요했다. 태평양으로 나가는 남진 정책에 주안점을 두었다.

일본 제국주의는 북진정책을 펴서 남에서 밀고 올라왔다. 대륙으로 침투하기 위해서는 한반도가 절체절명의 전략상 요충지이기도 하며 징검다리기도 했다. 일본 군국주의는 북한의 풍부한 지하자원을 이용하여 전쟁에 필요한 군수품을 만들기 위해 많은 군수공장을 건립하였다. 그뿐만 아니라 압록강 철교 수풍댐, 경인선 철도도 개

설했다. 대륙 점령을 위한 북빈 정책에 혈안이 되었다. 만주 사변으로 인한 많은 중국인과 조선 사람이 살생 되었고, 조국 광복을 위해 활동 중인 독립군과의 치열한 전투가 청산리 전투이기도 하였다.

일본은 내륙과 동남아의 전선이 넓어지자, 조선인을 용병으로 징집하였고, 출가하지 않은 처녀들을 일본군의 위안부로 강제로 연행한 참극이 벌어졌다. 전승을 거듭한 일본군은 미국의 영토인 진주만을 기습 공격했다. 미 태평양 함대를 침몰시키면 일·미 전쟁에 승리할 줄 알았지만, 미국의 모든 산업이 군수공업으로 돌발 될 줄 몰랐다. 진주만에 정박 중이든 전함을 파괴하면 태평양을 지배할 줄 알았다. 그러나 오판이었다. 일본군은 최후 발악으로 가미카제 공격으로 미 전함에 대한 폭격으로 인명 손실이 컸지만, 태평양으로 출항 중이던 항공모함 등이 건재한 덕분에 미국은 반격의 기회를 잡을 수 있었다.

세계 2차 대전이 끝날 무렵 미국은 소련을 2차 대전에 참여토록 하였다. 미국이 태평양에서 전승하며 일본 열도인 규슈 지방의 군수공업지대를 맹폭격하였지만, 일본은 항복하지 않아 히로시마와 나가사키에 원폭 투하했었다. 그로 인한 일본 천왕은 미드웨이 전함에서 맥아더 원수한테 항복 문서에 조인하였다.

일본이 세계 2차 대전에서 패전국이 되자 조선은 강대국에 의해 광복을 맞이했다.

해외에서 독립운동하던 민족진영은 좌우로 갈라섰고, 북쪽은 소비에트 연방의 스탈린이 소련군을 주둔시켰으며, 북위 38도선을 경계로 남쪽은 미군정이 통치하였다. 스탈린은 소련군 대위 출신 김일성을 동치 수단으로 활용하였고, 김일성은 친일 세력을 척결하고 조선민주주의인민공화국 건립에 혈안이 되었다. 그로 인한 남과 북은 이데올로기 갈등이 더욱 심화하여 신탁 통치니, 반탁 통치 등으로 민족진영이 좌우로 대답하였다.

모스크바 3상 회의 결의에 따라 구성된 미·소 공동위원회가 결렬

됨으로 미국에 의해 한국 문제가 국제연합(UN) 총회에 정식 의제로 상정되었다. 미국은 한국의 통일 정부 수립을 위한 자유선거 주장과 소련은 외국군 동시 철군 주장이 충돌했었다. UN 한국 임시위원단의 북한 지역 일정 거부로 남한만의 선거를 1948년 5월 10일 실시하도록 결론이 났다. 유엔 감시 아래 무기명 비밀 투표로 제헌국회가 구성되어 대한민국 건국의 모체로 신생 독립국이 탄생하였다.

  남과 북은 이념과 정치적 갈등으로 38선에는 항상 우발적인 충돌이 잦았다. 김일성은 스탈린으로부터 군수 물자를 지원받아 전쟁 준비가 완료되자 1950년 6월 25일 새벽 4시를 기하여 38도선 전역에서 기습 남침을 자행했었다. 정부는 전면전이 아닌 우발적인 충돌로 판단하고 안일하게 대처하였다. 남진 3일 만에 수도 서울이 함락되고 말았다.

  전운의 포성은 국토를 초토화했고, 거리는 피난민의 행렬로 가득했다. 모든 산업시설은 붕괴하였고, 수십만 명의 인명 손실을 초래하였다. 전황을 올바르게 분석하지 못한 탓에 한강 인도교 폭파로 수많은 피난민이 수중 물귀신이 되었다. 서울 시민은 공포와 불안 속에 고립되었고, 서울이 인민군 치하에 들어가 많은 인사가 납북되기도 하였다.

  다행히 대한민국은 UN이 승인한 신생 독립국으로 유엔군의 참전이 가능하였다.

  김일성은 1950년 8월 15일까지 남한을 적화 통일하겠다고 호언장담하며 공세로 진격해 왔다. 소련제 T34 탱크를 앞세워 거침없이 남하했다.

  미 연합군은 금강 전투에서 방어선이 무너지자 낙동강 전선에 최후의 교두보를 설치했다. 정부는 수도를 대구로 이전하지 않을 수 없었다.

  괴뢰 인민군 사령관 김책은 낙동강을 따라 정예군 4개 사단 병력을 포진시키고, 대구 함락을 위한 공세는 연일 계속되었다. 연합군과 인민군은 낙동강을 사이에 두고 치열한 공방전을 벌였다. 피아간에 혈전은 피의 능선을 만들었고, 계곡과 강물을 붉게 물들게 하였다. 전쟁은 인간의 존엄성마저 말살하고 말았다. 오직 살기 위해서는 동족 간에 죽이고 죽어야 하는 전투는 너무나 살벌하고 참혹했다. 고지를 빼앗기고 탈환하는 격전지의 전투는 밤과 낮을 가리지 않았고, 총성은 머물 줄 몰랐다.

대구가 인민군 수중에 들어가면 부산마저 위태로워질 지경이었다. 대한민국의 운명이 풍전등화와 같은 현실로 다가오고 있을 때 내무부 장관으로 부임한 조병옥 박사는 수도를 부산으로 옮기더라도 대구를 사수해야겠다는 굳은 신념으로 결의를 다졌다. 육군 제1보병사단장 백선엽 대령은 적 정예군과 낙동강을 사이에 두고 치열한 공방전은 밤낮이 없었다. 낙동강 방어선이 무너지면 대구 함락은 촌각을 다투는 문제였다.

미 연합 사령관 워커 장군은 군경, 학도 의용군, 도민 등 군관민이 합심하여 낙동강 교두보 사수를 위한 항전은 계속되었고, 강변과 산야는 핏빛으로 물들어 갔다.

세계 2차 대전사에도 유례를 찾을 수 없을 만큼 처절한 전투였다. 팔월 초부터 구월 중순까지 전투는 계속되었고, 고지를 탈환하고 빼앗기는 격전의 전쟁터는 삶과 죽음의 수라장이었다. 더욱이 다부동 전투는 군사 전략상 요충지였다. 치열하고 참담했던 전선에는 전사자의 시체가 구릉을 만들었고, 계곡의 물은 핏물로 가득했었다.

낙동강 교두보 사수로 제공권을 장악한 유엔군은 낙동강 줄기를 따라 융단 폭격으로 괴뢰 인민군 정예부대의 적진지를 초토화한 덕분에 대구 시민은 피난길을 멈출 수 있었다. 최후의 교두보가 사수되고, 인천상륙작전 성공으로 3개월 만에 수도 서울이 수복되었다.

유엔군과 한국군은 여세를 몰아 10월 1일 38선을 돌파하여 압록강까지 진격하였지만, 동절기에 중공군의 참전으로 인한 인해 전술로 위기를 맞아 후퇴하지 않을 수 없었다. 유엔군이 후퇴 시 원산지역에 무자비한 폭격을 하였다. 미 연합군은 눈발이 휘날리는 흥남 철수 작전은 수십만의 피난민을 수송하기 위하여 군수 물자를 바다에 버렸고, 많은 피난민을 거제도로 수송하였다.

지금 대구 근교 유학산 아래 다부동에는 6·25 전란의 참상을 후세에 널리 알리기 위한 전적 기념관과 충혼비가 있다. 나리를 지키다가 산화한 군경의 위령탑이 참혹했던 아픈 역사를 말해 주듯 갖은 풍상을 겪으며 묵묵히 서 있을 뿐이다.

한 핏줄인 동족 간에 참담한 전쟁은 두 번 다시 있어서는 안 될 것 같다.

전쟁을 방지하고 통일된 대한민국을 건국하자면 외세의 간섭 없이 남북이 공동 발의한 통일 헌법에 관한 재정법령이 필요하다. 평화 헌법은 남북 간에 신뢰가 큰 덕목이다. 남북 정상이 교차 방문도 하고, 주민의 거주이전과 자유로운 여행이 보장되어야 한다. 때에 따라 남북 정상이 함께 해외 순방을 통해 서로 믿음이 충만할 때 북 핵을 공동 관리할 수 있다면 진정성이 있다고 여긴다. 한국은 자본과 기술력을 제공하고, 북한의 지하지원과 노동력이 결합하면 금상첨화가 아닐까 생각된다. 남북의 동포가 민족 통일을 이룰 수 있다면 서로가 자유로운 생활을 즐기며, 남남북녀의 보금자리가 마련되리라 본다. 남과 북은 자유 민주주의 절차에 의한 통일 대통령을 선출할 때 한반도는 영구적인 평화가 정착되고, 세계로 뻗어 나가는 민족이 되리라 본다. (2019년 제50회 한민족 통일문화제전 수상 작품집)

동해의 외로운 섬 독도는 대한민국 영토다.

쾌청한 날씨다.
 여행하기에 좋은 날씨인 듯했다. 나는 1박 2일 일정으로 울릉도와 독도에 가기로 하였다.
 산악회를 통한 울릉도의 성인봉이나 동해의 외로운 섬 독도 땅을 밟고 싶었다. 1개월 전부터 대구 중부산악회원들과 여행 겸 산행 계획을 세웠다. 무엇보다 염려스러운 점은 기상 조건이었다. 우리 일행 42명이 동행하기로 했다. 배편으로 가는 바닷길이라 대자연의 섭리(攝理)를 거슬릴 수 없는 것이 문제점으로 대두되었다.
 새벽부터 서둘러 출발지인 경북여고 정문에 도착했다. 여객선 터미널로 가는 도중 조식도 해야 하고 배 출항 시간도 맞추어야 하기 때문이다. 항구 도시인 포항의 날씨는 청명했다. 연안에 바람도 없고 파도도 잔잔하였다. 여객선이 출항하기에 적합한 날씨였다.
 동해안에서 울릉도로 출항하는 항구는 강릉, 묵호, 후포, 포항 등 4개소 중 우리 일행은 포항에서 출항 계획을 세웠다. 울릉도와 뱃길이 가장 먼 바닷길을 택했다. 포항에서 울릉도 도동항 간은 217km나 되었다. 파도가 없으면 3시간이면 도동항에 도착할 수 있다고 했는데 기상 변화가 있을까 봐 염려스러웠다.

포항을 떠나 영덕 방면으로 북상하며 2시간가량 운항했을 때 기상 이변이 생겼다. 바닷물이 출렁거리며 파도가 심해졌다. 썬플라워호에서 안내 방송이 나왔다. 기상 상태가 좋지 않아 1시간가량 지연된다고 안내 방송이 있었다.

우리 일행이 승선한 여객선은 울릉도를 운항하는 가장 큰 여객선이다. 승선 인원이 920명 되는 썬플라워호였다. 망망대해에서 파도를 만난 대형 여객선의 선수가 늠실늠실 춤을 추듯 출렁거리며 토할 듯했다. 썬플라워호는 3층 규모의 연안 여객선으로 나는 2층 일반석 B-20 자리였다. 선실 밖을 바라보니 지평선의 파도가 여객선의 선수 높이만큼 파도가 출렁거린다. 선실의 승객들은 바닥에 누웠거나 앉아서 구역질하며 고통을 호소하듯 비닐봉지에 구토하는 장면이 이곳저곳에 즐비했다. 나 역시 움직이면 속이 울렁거리는 고충을 참고 있었다. 승객 중에는 이렇게 뱃멀미로 고통스러운 줄 알았으면 다시는 울릉도에 가지 않겠다는 사람들의 목소리가 귓전에 맴돌기도 했다.

우리 일행은 출항하기 전 뱃멀미 약을 사전에 나누어 먹었다. 건강한 나 역시 화장실에 갈까 싶어 발걸음을 옮기자, 속이 울렁거리며 토할 듯했다.

선실과 외부와 밀폐된 공간이 여객실이다. 오직 에어컨의 서늘한 바람만이 더위를 가지게 할 뿐이다. 얼마나 지났는지 여객선의 엔진 소리가 멈추는가 했더니 기상 변화로 인한 파도가 잔잔해진 탓이기도 했다. 창밖은 검푸른 바닷물만 넘실거릴 뿐 섬이라고는 볼 수 없는 망망대해였다. 예정했던 4시간이 되어서야 도동항에 도착하겠다고 생각하면서 밖을 살펴보았다.

울릉도는 년 중 기상이 좋은 날이 55일밖에 안 된다고 한다. 동해는 기상 변화가 가장 심한 바다였다. 비가 오지 않으면 구름이 끼고 그렇지 않으면 돌풍을 동반하는 섬이 울릉도다.

나는 초행길이라 울릉도의 지형이 어떻게 생긴 지형인지 궁금했다.

독도를 갈려면 도동항에서 여객선을 갈아타야 한다고 했다. 예정 시간보다 기상 악화로 중식 시간이 없어졌다. 여객 승무원은 여행사에 연락하여 도시락을 준비해 달라고 요청하였다. 막상 도동항에 도착했을 때 독도 가는 시간이 촉박했다. 독도행 오썬플라워호가 도동항에 정박해 있었다. 하선과 동시에 독도행 여객선에 승선하였다. 오션플라워호는 묵호, 울릉도, 독도를 운항하는 여객선이다. 하루 전에도 기상이 나빠 독도에 가지 못한 관광객 수백 명과 함께 승선했다. 우리 일행 중 뱃멀미로 인한 독도행을 몇 사람이 포기했다. 오썬플라위호의 정원은 445명이다. 오후 2시에 출항하는 여객선을 놓치면 독도는 갈 수 없었다. 승선이 완료되자 오썬플라워호는 도동항을 출항했다.

울릉도와 독도 간의 직선거리는 87.4km이다. 고속으로 왕복 3시간이 소요된다고 한다. 선실에는 각 지방에서 독도를 찾은 관광객으로 만원이었다. 얼마나 고속으로 달렸는지 독도가 시야에 들어오자, 선실은 환호성으로 야단이다.

독도에는 500톤급 여객선을 낼 수 있는 접안 시설이 80m가 되어 있고 등대, 독도경비대의 숙소, 헬기장 등이 있었다.

동도와 서도는 신성대 화산 분출로 생성된 하나의 섬이었다고 한다. 맑은 날에는 울릉도에서 독도를 볼 수 있는 가까운 거리로 동도와 서도는 89개의 부속 도서로 삼국시대부터 울릉도에 부속된 섬으로 1982년 11월 문화재청에서 독도를 천연기념물 제336호로 지정했다.

독도에는 울릉 경비대 산하에 독도경비대를 두었고 경북지방경찰청 책임 아래 경찰관 1개 소대가 경비를 하고 있다. 등대원은 포항

지방 해양 수산청 소속 직원 3명이 등대를 관리 중이다. 오랜 세월 동안 바람과 파도에 씻긴 풍화작용에 의해 두 동강이 나 현재의 모습인 동도와 서도가 서로 마주 보는 바위섬이 되었다고 한다. 수천 년의 세월이 지나는 동안 하나의 바위섬이 돌풍과 파도에 깎기에 만들어진 부산물이 지금의 동도와 서도를 연상케 한다.

  동해의 외로운 섬 독도는 대한민국이 지배하는 영토다. (2023년 신한국 9호)

-추천사-

서사적 소재를 서정적 감성으로 형상화시킨 수필
-김시종 수필집 「영혼靈魂」에서 본 작가관과 작품세계-

장사현 문학평론가
(영남문학 발행인)

　김시종 수필가의 작품을 15년간 읽어온 독자로서 본 수필집 발간을 추천한다. 김시종 선생은 청년기에 한국전쟁의 참상과 암흑시대를 몸소 겪었다. 이후 국가재건에서부터 오늘날 세계 속에 우뚝 선 대한민국이 있기까지의 70년 근·현대사와 현대문학사 현장에서 활동한 인물이다. 이 수필집에 있는 한편 한 편의 수필은 체험의 실체를 서정·시사·사색적 감성으로 형상화한 작품들이다.
　현대문학 생성 이후 수필 문단에서 대두되고 있는 '창작'의 개념을 두고 허구(虛構) 도입 문제에 대하여 늘 양립되고 있다. 종교에도 사이비가 있듯이 문단에도 이와 유사하게 사이비가 있다. 수필은 '체험적 진실을 바탕으로'라는 장르적 특성이 있다. 허구의 소설, 동화, 희곡 등이 있기에 수필은 수필의 위치에서 창작해야 한다.

이런 이론적 배경으로 볼 때 김시종 작가의 수필은 체험의 실체를 문장과 문체를 통하여, 상상과 심상을 통하여 서정과 서사적 감성을 통하여 발효된 사색을 통하여 문학적 형상화를 시킨 수필이다.

수필 「직업」에 작가는 학창 시절에 <문둥이 구락부> 문학 동인활동을 통해 시집 『봄의 지열』을 출판하였고 이후 안정된 직업을 찾아 경찰관이 되었다. 수필 「개척자」를 보면 작가는 1968년도 석우 이윤수 선생 (시인, 죽순(竹筍)) 창간을 만나면서부터 문학 정신에 몰입하였다. 그러나 경찰관이 된 이후 오랫동안 문학 활동을 중단하였다가 2000년대 들면서 다시 시작하게 되었다.

작품 「물안개는 등단작품이다. 그리움의 연수(淵邃)가 묻어나는 시각적 심상으로 형상화한 작품이다. 간결한 문체, 함축된 이미지, 서정적 언어로 서경의 세계를 그리고 있다. 흡사 윤오영 선생의 하정소화(夏情小話)」의 '월하미인'이 연상되고 있다. 이 외에도 유려하고 운치 있는 문장으로 된 「석양에 물든 금호강」, 「문지방(文地枋)」 「청량산 하늘다리」 등의 많은 수필이 있고, 국가관과 이념에 관한 작품 「대못」, 「전후의 상처」, 「이 한 몸 조국을 위해서」 등 유형별 좋은 작품이 많다.

김시종 작가의 수필에는 서정적 감성이 돋보인다. 문학에서 서정성은 매우 중요하다. 함축된 언어로 화자의 정서와 사상을 독자에게 전달하면서 인식의 가치, 정서적 가치, 미적 가치를 주는 동시에 여운을 남게 하는 것이야말로 수필이 지향할 과제다. 작가의 서사적 스토리 속에는 묘사한 문장이나 서술기법과 표현에 서정성이 흠뻑 묻어나고 있다. 섬세하고 정적이며 리듬감 있는 유려한 문체와 함께 사상과 사고의 흐름은 거침없이 묘사되고 있다. 부드러운 문장과 문체 속에는 강인한 의지와 강건한 힘이 있어 독자에게 새로운 심상을 일으키고 있다.

작가는 80 평생 삶을 통하여 독자에게 살아감의 방법을 제시하고 있다. 그의 국가관과 이념은 사회상규에 비춰볼 때 합리적이고, 작품세계 또한 정통적인 문학 이론과 창작기법에 바탕을 두고 있다. 선생은 공직 생활을 하면서도 항상 국익을 위해 모범을 보이셨고, 현재까지 지역 문단 활동을 하면서도 겸허한 위치에서 주변을 위하여 헌신해 오셨다.

이번 수필집 표제작 「영혼」은 시사성이 있는 교시적인 수필이다. 생명을 경시하며 인간존엄성이 상실되고 있는 세태를 안타까워하면서 내세의 소망을 가지도록 권면하는 외향성을 띠고 있다. 작가의 발효된 언어로 점철된 이 수필집이 많은 독자에게 좋은 정서 순환이 되기를 기대한다.

[저자 프로필]

* 호 松鶴, 대구 출생, 수필가, 사진작가.
* 대구문인협회 홍보위원, K 국제 펜 문학회.
* 대구 펜 문학회원(역임) 대구수필가협회 이사.
* 신한국운동본부 인성 대학원 이사, 영축문학회원,
* 이후문학회원(역임) 수필과 지성 동인, 영남문학 이사,
* 한국경찰문학 대구 경북 지회장.
* 제50회 한민족통일문예대축전 공모전 수상
* 한국경찰문학발전 유공상, 영남문학 창간 10주년 유공상
* 송암 문학상 수상, K 국제 펜 문학회 공로상,
* 한국예술인 복지재단 디딤돌 창작기금 수혜
* 제1회 대구문화원 연합회장상(사진 작가상)
* 모범 경찰공무원 정년퇴임
* 경북경찰 21기 동기 회장 20년 역임
* 국무총리, 장관, 검찰청장, 도지사 등 표창, 공로패 및 감사패 47회
* 이명박 대통령 후보의 대외협력 보좌역 위촉됨(역임)
* 대구 재향경우회, 일선 김씨 종친회 이사 15년 봉사
* 국운융성 아카데미 국민운동본부 달서구 회장(역임)
* (사)대구경우산악회 발기 및 운영위원.
* 윤석열 대통령 후보의 조직본부 국민대통합위원회 고문으로 위촉 됨(역임)
* 시집 『봄의 지열』
* 수필집 『영혼』

영혼(靈魂)_한비수필선 55

초판인쇄 | 2023년 12월 1일
저자 | 김시종
펴낸이 | 김영태
펴낸 곳 | 도서출판 한비CO
출판등록 | 2007년 1월 16일 제 25100-2006-1호
주소 | 700-442 대구시 중구 남산2동 938-8번지 미래빌딩 3층 301호
전화 | (053)252-0155
팩스 | (053)252-0156
홈페이지 | http://hanbimh.co.kr
이메일 | kyt4038@hanmail.net

ISBN 979-11-6487-124-7   03810
값 18,000원

*잘못된 책은 교환해 드립니다.
*저자와의 협의로 인지는 생략합니다.
*이 책의 판권은 지은이와 한비출판사에 있습니다.
*양측의 서면 동의 없이는 무단 전재 및 복제를 금합니다.